찬란한
존재들

옮긴이 김효정

심리학과 영문학을 전공하고 현재 전문 번역가로 활동하고 있다. 옮긴 책으로는 《나는 달리기가 싫어》, 《울고 싶을 때마다 한 발씩 내디뎠다》, 《나무 이야기》, 《슈퍼 씽킹》, 《내가 하늘에서 떨어졌을 때》 등이 있다.

Eight Whopping Lies and Other Stories of Bruised Grace
© Brian Doyle, 2017
published by Franciscan Media
All rights reserved.
Korean translation copyright © 2023 Catholic Publishing House

찬란한 존재들

2023년 4월 11일 교회 인가
2023년 7월 20일 초판 1쇄 펴냄

지은이 · 브라이언 도일
옮긴이 · 김효정
펴낸이 · 정순택
펴낸곳 · 가톨릭출판사
편집 겸 인쇄인 · 김대영
편집 · 박다솜, 정주화
디자인 · 강해인
마케팅 · 임찬양

본사 · 서울특별시 중구 중림로 27
등록 · 1958. 1. 16. 제2-314호
전자우편 · edit@catholicbook.kr
전화 · 1544-1886(대표 번호)
지로번호 · 3000997

ISBN 978-89-321-1863-5 03230

값 19,000원

이 책의 한국어 출판권은 (재)천주교서울대교구 가톨릭출판사에 있습니다.
저작권법에 의해 한국 내에서 보호를 받는 저작물이므로 무단 전재와 무단 복제를 금합니다.

가톨릭의 모든 도서와 성물을 '**가톨릭출판사 인터넷쇼핑몰**'에서 만나 보실 수 있습니다.
http://www.catholicbook.kr | (02)6365-1888(구입 문의)

찬란한
존재들

브라이언 도일 지음
김효정 옮김

가톨릭출판사

이 책을 향한 찬사

브라이언 도일은 같은 세대의 어떤 작가보다 힘주어 신앙을 이야기한다. 오늘날의 문학 풍토에서 신앙에 대한 글을 쓰는 것은 용감하고 독창적이고 반항적이다. 고압적이거나 권위적인 태도 없이, 그는 찬란하게 빛나는 일상 속 사건들, 커다란 의미를 지닌 작은 깨달음들을 우리에게 보여 준다. 무엇보다 그는 방심하고 있던 당신에게 은근슬쩍 다가가 큰 웃음을 준다. 이 훌륭한 에세이를 쓴 작가의 작품은 오래 남을 것이며 명성은 갈수록 높아질 것이다.

이언 프레이저Ian Frazier(《대평원*Great Plains*》 저자)

수많은 순간이 모여 인생을 이루는 것이라면, 브라이언 도일의 인생은 이 책 속에서 빛나고 있다. 에세이 하나하나는 곱씹어 볼수록 절대 작지 않은 작은 순간을 보여 준다. 그것들은 친절, 유머, 은총, 아름다움을 만날 때마다 알아보는 것을 인생의 목표로 삼은 한 남자의 기억과 생각이다. 《찬란한 존재들》을 읽으면 당신은 조금 더 나은 사람이 된다.

앤서니 도어Anthony Doerr,《우리가 볼 수 없는 모든 빛》저자)

브라이언 도일만큼 생생한 낙관주의를 간직한 채 기쁨, 분출하는 에너지, 양심과 가족에 대한 고요한 사랑, 우리 안의 가장 좋은 것에 대해 쓴 사람은 드물다. 그는 수십 년간 미국에서 가장 관대하고 창의적인 편집자로서 매우 품격 있고 혁신적인 잡지를 만드는 데 기여했다. 하지만 그는 신앙과 인생과 밴 모리슨과 아버지와 아들과 온갖 중요한 것들에 대한 글을 쓰는 작가이기도 했다. 우리는 다시 만날 수 없다. 하지만 새 책 속에 담긴 그의 아름답고 찬란한 정신과 다시 함께할 수 있다는 것이 얼마나 큰 선물인지 모른다!

피코 아이어Pico Iyer《여행하지 않을 자유》저자)

브라이언 도일의 산문은 군더더기 없고 역동적이면서도 초록 잎사귀가 무성할 때의 나뭇가지처럼 곱게 단장하고 있다. 작은북처럼 통통거리는 그의 시는 더욱 경쾌하지만, 그가 전하는 이야기는 늘 한결같았다. 작은 순간들을 들여다보는 것. 그가 '은총'이라 부르는 것을 찾는 것. 그는 내가 만난 최고의 농구 작가이기도 하다.

농구 때문에 나는 브라이언이 얼마나 끈질긴지, 얼마나 독한지를 알게 되었다. 2015년에 마침내 미국을 방문한 나는 다리를 절뚝거리는 그를 보았다. "옛날에 농구하다가 다친 거예요." 그가 싱긋 웃으며 말했다. 나는 그가 작가로서, 남자로서, 통 크고 속 깊은 영혼이라 느꼈다. 그는 나의 미국인 형제나 다름없다.

마틴 플래너건Martin Flanagan(《경청에 대하여On Listening》 저자)

내 친구 존 로스코에게,

그의 고결한 품위와 용기를 기리며.

모든 것은 이야기로 연결된다.
우리를 하나로 묶어 주는 것은
오직 이야기와 공감뿐이다.

배리 로페즈Barry Lopez

추도사

사랑을 그린 최고의 이야기꾼

멋진 남자! 뛰어난 작가! 훌륭한 아들, 형제, 남편, 아빠!

그렇습니다, 그의 어머니 에설과 나, 누나 벳시, 형제 케빈, 피터, 톰과 그들의 아내 제인, 샤론, 다이앤, 우리의 손자 아홉 명 모두에게 브라이언은 아주 특별한 존재였지요. 아내 메리 밀러와 소중한 아이들을 사랑하는 것이 브라이언에게는 큰 기쁨이었습니다. 브라이언은 메리와 딸 릴리(브라이언은 그 아이를 '서부에 핀 나의 꽃송이'라 불렀지요), 듬직한 쌍둥이 아들 조지프와 리엄을 얼마나 사랑하는지 내게 입이 닳도록 이야기했답니다.

브라이언은 또 자신의 생기로운 글과 강연에 환호하는 팬들을 사랑했습니다. 그의 수필과 시를 읽으면, 그리고 그를 직접 만나면 우리는 하느님의 창조물에 대한 브라이언의 애정과 경이로운 인간과 숲, 물, 하늘에 사는 피조물을 향한 열정을 느낄 수 있었지요. 그는 단연코 미국 최고의 이야기꾼이었습니다. 활자를 다루는 뛰어난 기술자였지요. 문법 규칙을 자유자재로 활용하여 우리를 향한 하느님의 사랑을 단어로 그린 그림으로 정교하게 표현했습니다.

브라이언은 명랑한 아이였습니다. 형제자매와, 함께 성장하던 모든 이에게 친근한 벗이었지요. 동생들을 보살피고, 케빈을 비롯한 친구들과 농구를 하며 자랐습니다. 훌륭한 학생, 열렬한 독서가였으며 일찍부터 뛰어난 작가의 자질을 보였습니다. 누군가는 그를 규칙에 전혀 개의치 않고 제멋대로 휘갈기는 통제 불능의 글쟁이로 여길지 몰라도, 알고 보면 그렇지 않습니다. 그는 부지런히 노력하고 꾸준히 글을 썼습니다. 날마다 다른 사람들이 출근하기 전, 이른 아침부터 대학 연구실로 가서 글쓰기에 집중했지요. 낮 시간과 주말에는 집에서 작업을 계속했고요. 덕분에 매년 수백 시간을 내어 아름다운 글을 쓸 수 있었지요.

한 번은 브라이언에게서 음악가들과 함께 여행하며 산속에서 즉흥 연주를 하는 이야기를 쓴다는 말을 듣고, 대단한 음악적 재능이나 지식도 없으면서 그런 글을 어떻게 쓰겠냐는 식으로 그 아이를 놀렸습니다. 그러자 브라이언은 그 분야를 이해하려고 음악업계에 대해 공부하고, 관련 도서를 읽고, 음악가들을 만나고, 공연을 보러 다닌다고 내게 털어놓더군요. 오로지 제대로 된 수필을 쓰겠다는 일념으로요.

조금만 더 우리 곁에 머물렀더라면, 브라이언의 명성은 한층 높아지고 그 이름은 미국에서, 그리고 독자들 사이에서 널리 알려졌을 테지요. 하지만 우리 가족과 팬들은 운이 좋았습니다. 브라이언을 알게 되어 그 재능을 향유하고 그의 창의성에 감탄했으니까요.

여기 있는 우리는 모두 브라이언이 발견하고 표현한 대상에서 깨달음을 얻고, 그가 들려준 하느님의 세계와 사람들에 대한 믿음에서 영감을 얻었습니다. 브라이언 도일이 그 모든 것을 남겨 주었기에, 그리고 우리 곁에 있어 주었기에, 우리는 더 고귀한 존재, 더 거룩한 존재가 되었다고 믿습니다.

브라이언 도일의 아버지 짐 도일

차례

추도사 사랑을 그린 최고의 이야기꾼 · 9

1장   천사는 어디에나 있는 듯하다

널브러진 형제들 · 19

하느님 · 22

남동생 · 26

찬란한 존재들 · 30

100번가 · 33

첫 묵주 · 37

그 짧은 시간 · 44

그날 아침 · 48

고인과의 대면 · 52

우리가 날마다 저지르는 살인 · 56

게임 · 61

진짜 아저씨 코예요? · 65

번트 · 70

여덟 가지 터무니없는 거짓말 · 74

2장 사랑의 빛을 가득 머금은 존재들

사복음서 · 83

지하실의 낡은 타자기 · 88

여기에 먹을 것이 좀 있느냐? · 93

새에서 새로 · 98

고무줄 바지 · 102

어느 슈퍼마켓의 죽음 · 106

내 탓이오 · 111

태평양 연안 북서부에서 낚시하는 법 · 116

더 이상 아이들을 차로 실어 나르지 않는 것에 대하여 · 120

경야 · 124

총알 · 128

신념을 지킬 용기 · 132

3장 저녁 무렵의 사소한 기억

우리 집의 모호크족 · 139
평화의 사람들 · 143
체스 이야기 · 147
가로등이 없는 비탈길에서 · 151
망자 · 157
퀸스에서 · 161
실종 · 166
내 글에 대한 독자들의 편지와 의견 모음 · 169
성 프란치스코 제3회 · 172
해변으로 · 177
웅크리기 · 183
우리의 텁수룩한 삼촌들 · 188
미사 참례 복장 · 192
스카풀라에 관하여 · 197
새끼 토끼 · 201

4장 잊지 못할 순간

힘든 일이니까요 · 207

신입생 때 외로우셨나요? · 212

벨로키랍토르의 죽음 · 216

앤젤린 · 220

하고 싶은 말을 하면서 우리가
무엇을 의미하는지 말하지 않는 방법 · 225

샌들러 오닐의 아이들 · 229

결혼식 날의 짧은 생각 · 234

아빠의 언덕과 계곡 · 238

버스에서 · 242

매의 언어 · 246

한때 조약돌이었던 지금의 절벽 · 250

최후의 보루 · 254

너희가 표징과 이적을 보지 않으면 · 260

칼리프 아부 바크르 알 바그다디에게
보내는 공개편지 · 264

너희와 너희의 아이들을 위한 기도 · 269

감사의 말 · 278
옮긴이의 말 · 280

1장

천사는
어디에나
있는 듯하다

널브러진 형제들

가끔씩 우리는 전부 바닥에 널브러져 있곤 했다. 이때만큼은 드잡이도 몸싸움도 없이 평화롭기만 했다. 서로의 팔다리를 겹치고 얽은 채 다른 형제를 베개 삼아 누워 있었다. 반듯이 드러누워 형제들이 이룬 산과 언덕, 등성이와 골짜기, 거친 황야에 둘러싸여 있다고 상상했다. 하나가 몸을 꿈틀거리고 또 하나가 부스럭대며 뒤척이면 우리는 잠시 자세를 바꾸었다. TV를 보거나 웅얼대는 삼촌들의 목소리에 귀 기울이고 있었던 것도 같다. 이따금씩 우리 누나가 조심조심 발을 들어 올리며 왜가리처럼 살금살금 지나갔다. 잠깐 졸다가 흠칫 놀라며 깨어나도 위에서 들려오는 대화 내용을 제외하고는 달라진 것이 전혀 없었다. 형제들의 다리는 통나무 같고, 팔은 땔나무 같았다. 여기저기 머리가 보였다. 무더기 어딘가에는 사촌이 끼여 있을 터였다. 벽난로에 불을 지필 때면 우리는 곰처럼 불가에 뻗어 있곤 했다. 불 때문에 몸의 반쪽이 덥혀진 형제가 저만치 굴러가면 다른 형제가 미끄러져 들어왔다. 어린 형제들이 무더기에 섞여 잠이 들면, 결국 아버지가 비집고 들어와 눈빛만으로 형제들의 바다를 가르고 제우스처럼 손을 뻗어 아이를 살포시 들어올렸다. 그 몸짓이 얼마나 조심스러운지, 아이는 다음날 아침에야 잠에서 깨어 형제들이 이룬 뗏목이 아닌 침대에 누워 있다는 사실에 깜짝 놀라곤 했다.

종종 격투와 난투와 앞지르기와 떼밀기와 누르기와 밀치기가, 왕왕 주먹다짐이 벌어지면 어머니의 입매가 굳어졌지만, 오늘 아침에 내가 기억하고 싶은 것은 그것이 아니다. 나는 우리가 바닥에 옥수숫대와 껍질처럼, 막대기와 작대기처럼, 바람과 낙엽처럼 흩어져 있던 순간을 기억하고 싶다. 내 주위에 교각과 부두와 들보처럼 쌓여 있던 형제들의 나른한 흙냄새 발 냄새를 기억하고 싶다. 그리 자주 있는 일은 아니었다. 특별한 행사 때나 가능했다. 사촌들이 와글와글 모여야 했다. 이웃들이 북적북적 찾아와야 했다. 예수님이 탄생하여 거친 강보에 싸이거나 부활하여 가장 좋은 아마포에 싸여야 했다. 늦여름 오후면 우리는 하루 종일 바닷가에서 모래를 몸에 묻힌 채 게으르고 나른하게 빈둥거렸다. 햇볕과 겨자 냄새를 풍기는 우리 사이 어딘가에 축축한 수건이 끼여 있었다. 하나가 이야기를 꺼내면 나머지 형제들은 듣는 둥 마는 둥 했다. 내가 애써 귀를 기울여도 이야기는 잔물결처럼 사그라들었다. 머잖아 우리는 샤워를 하고 저녁을 먹는다. 머잖아 우리 누나는 흐트러진 형제들 틈을 거닐며 말없이 그 젖은 수건이 어디 있나 살피다가, 왜가리가 피라미를 낚아채듯 홱 집어 올린다. 수건은 필사적으로 몸부림치며 비참한 운명으로 끌려가겠지만, 그것은 얼마 후에야 생길 일이다. 나는 두 다리를 한 형제 위에 얹고 머리는 다른 형제에게 기댄다. 그 무더기 어디선가 한 형제가 물고기인지, 자동차인지, 새인지 모를 재빠른 녹색 물체에 대해 이야기하고 있다. 이렇게 사소한 순간들은 세월이 흐르면 사실과 고통과 사랑과 상실에 시달리고 밀려나 희미해질 것이다. 하지만 머리가 기억할 수 없는 것을 몸은 기억한다. 몸은 아무것도 잊지 않는다.

하느님

며칠 전에 하느님과 잠시 이야기를 나누었다. 미국 우체국에서. 축복받은 날이면 늘 그러하듯 하느님은 1시부터 5시까지 카운터를 지켰다. '축복받은 날'은 그가 실제로 쓴 표현이며 그 말에는 그의 진심이 담겨 있다. 그보다 너그러운 존재는 본 적이 없다. 그는 절대 흥분하는 법이 없다. **나** 같으면 그렇게 못할 텐데. 그의 창구 앞에서 미치광이들 뒤에 줄을 서 있어 보면 심한 욕설과 천박한 인신공격과 비열한 인격 모독이 난무하지만 나는 그가 조금이라도 발끈하는 모습을 본 적이 없다. 평정심을 유지하는 비결이 무엇이냐고 물었더니 그는 "상대의 입장에서 생각하려 노력하고", "고객이 터뜨리는 감정을 받아

주는 것이 이 일의 일부이며", "폭풍은 금방 물러가게 마련이고", "그래 봤자 단순한 불만 표출일 뿐이고", "세상에는 이보다 훨씬 더한 일이 차고 넘치며", "결국 우리는 모두 이웃"이라고 대답했다. 나는 그의 생각에 깊이 감명받았다. 나도 한결같이 그런 생각을 해 왔지만 다 이론일 뿐 항상 실천하기는 어려웠기 때문이다. 그러나 하느님은 주저하지도 동요하지도 않고 늘 침착함을 유지한다. 사람들이 카운터를 주먹으로 내리치며 무례한 상소리를 내뱉고 험악하게 구시렁대며 발길을 돌려도 조용히 그 자리에 서 있다. 누군가 화를 내면 그는 웃지 않는다. 화내는 사람 앞에서 웃는 얼굴을 하면 상대의 화를 더 돋울 수 있기 때문이다.

그는 사람들이 하는 말을 귀담아 들었다가 가고 나면 공책에 적어 둔다. "고객의 말에 일리가 있어 관리자에게 전달해야겠다는 생각이 들면 메모를 해 둡니다."라고 말한다. 불평으로 표현되지만 사실은 서비스를 개선할 방향을 알려 주는 유익한 지적일 때가 많다. 그는 창구를 찾는 단골 고객을 대부분 기억하고 이름을 부르면서 정중히 인사한다. 때로는 고객의 자녀와 동물의 안부를 묻는다. 개들은 하느님을 무척 좋아해 그를 더 잘 보려고 뒷다리로 서서 카운터에 오르기도 한다. 그는 자주 개들의 이름을 부르며 깍듯이 인사한다. "저는 개 백 마리의 이름을 알고 있답니다. 고양이 이름은 잘 모르지만요. 사람들이 고양이는 우체국에 데려 오지 않으니까요." 내가 고양이는 루시퍼의 자식들이라고 농을 던졌더니 그는 웃지 않았다. 루시퍼가 여전히 그에게 지극히 슬프고 민감한 주제라는 것을 나중에야 깨달았다. 만약 **당신의** 가장 친한 친구, 가장 신뢰하는 동료가 당신의 소유, 존재, 행위를 전부 훔치려 했다면, 이 어마어마한 배신행위로 빛을 발하는 자, 샛별의 지위를 잃고, 비명을 지르며 어둠 속에 던져져 세상이 끝나는 날까지 메마른 절망의 꿈틀거리는 본질 속에 갇혀야 한다면 당신은 기분이 어떨까? 언제까지나 그 생각에 시달리며 슬퍼하지 않을까? 나라면 그럴 것 같다. 나는 죄책감을 느끼고 하느님에게 어리석은 우스갯말을 해서 미안하다고 사과했다. 이제 나이를 먹을 만큼 먹었는데도 늘 그런 실없는 소리를 한다면서, 이 나이까지 그리 경박하게 굴어서는 안 되는 거였다고 했다. 그러자 하느님이 말했다. 걱정 말라고, 서투른 농담쯤이야 애교로 봐줄 수 있다고. 그러면서 내게 서적 우편 요금으로 소포를 보내겠냐고 물었다. 그러면 5달러쯤 절약된다면서. 나는 선생님, 고맙습니다 하고 인사하고 우체국을 나오면서 생각했다. 너그러운 창조자가 후하게 베푸시는 놀라운 삶의 감동을 담는 그릇, 이 대단히, 영원히 자비로울 우체국의 신사 같은 그릇에서 하느님을 볼 수 없다면, 우리는 우리가 따른다고 주장하는 종교에 대해 제대로 알지 못하는 것이다. 이 종교는 우리가 눈에서 들보를 없애고, 모든 존재를 어루만지고 어떤 존재도 소외하지 않는, 햇빛처럼 쏟아지는 기적에 대해 겸손과 감사의 마음으로 고개를 숙인다면 하느님이 어디에나 계시다고 스스럼없이 말한다. 그래서 나는 미국의 우체국에서 하느님을 만나고, 그와 이야기를 나누고, 목마른 모든 이의 갈등을 풀어 주는 그의 은총으로 깨달음과 힘을 얻었다. 그 은총은 우리 각자와, 우리 모두와 함께한다.

남동생

 우리는 그 아이가 두 살 때 럭비공처럼 집어던졌다. 진짜로. 우리는 방실대는 그 아이를 가냘프고 어설픈 인형마냥 부엌 찬장에 접어 넣었다. 진짜로 그렇게 했다. 어느 토요일에는 아이 얼굴을 파랗게 칠한 다음, 함성을 지르며 방으로 들어가서 자고 있는 10대 누나를 깨우게 했다. 진짜로 그랬다. 우리는 아버지와 함께 병원 주차장에 서서 병실 창가에 서 있는 어머니에게 손을 흔들며 갓 태어난 어린 남동생도 함께 휘둘렀다. 어머니의 위치에서 우리 쪽을 보면 아기가 아니라 빨래 보따리처럼 보였으리라. 새로 태어난 동생이 집에 와서 상품賞品처럼 소파를 당당히 차지하고서 앵앵대는 모습을 보고 우리는 실망하여 입을 떡 벌렸다. 나중에 우리끼리 방에서 저 애는 형제로서는 아무 쓸모도 없어 보인다고 숙덕거렸다. 하루 종일 그 아이를 관찰했지만 우리가 보기에 재미있는 행동은 조금도 하지 않았다. 손가락으로 슬쩍 찔러도 영화나 텔레비전에 나오는 아기들처럼 자지러지게 울지 않았다. 아무런 불만이 없는 듯 얌전히 누워만 있었기에 우리는 곧 흥미를 잃고 누나를 괴롭힐 작당을 하러 위층으로 올라갔다.

자랄 때도 동생은 누구보다 명랑하고 순둥순둥한 아이였다. 우리가 패대기치거나, 때려눕히거나, 축구에 끼워 주지 않거나, 다른 아이들과 싸울 때마다 돌격 부대 삼아 혼자 내보내도 전혀 불평하지 않았다. 모험이나 탐험을 떠날 때는 동생의 존재를 잊다시피 했고, 동생의 애정이 고마우면서도 짜증스러웠고, 남들이 놀리거나 때리지 못하도록 동생을 철석같이 지켰지만, 막상 우리는 그 아이를 강아지처럼 거리낌 없이 괴롭혔다. 우리는 바닷가에서 동생을 턱까지 모래에 파묻었다. 할머니가 그 아이만 금지옥엽으로 애지중지하고 우리는 복숭아 꽁다리, 쭈그러진 감자, 썩은 배 껍질 취급한다고 느꼈을 때는 그 애를 퉁명스럽고 무뚝뚝하게 대했다. 우리는 그렇게 했다.

내가 기억하기로 그 아이는 한 번도 대들거나, 덤비거나, 헐뜯거나, 비웃거나, 고자질하거나, 화를 내며 악을 쓰거나, 삐져서 우리를 버리고 자기 친구들과 어울리지 않았다. 내 기억으로는 단 한 번도 그런 적이 없었고 아무리 기억을 더듬어도 그 애가 슬퍼하거나 골을 내거나, 억울해하거나, 분통을 터뜨리는 모습은 생각나지 않는다. 그 애를 생각하면 미소만 떠오를 뿐 다른 어떤 표정도 기억나지 않는다는 것이 얼마나 놀라운지. 친구와 가족 중에 그런 사람이 얼마나 될까? 절대 많지 않다. 나 역시 그런 사람이 아니다.

  하지만 내 동생은 그런 사람이다. 그리고 오늘 아침, 나는 남동생을 둔 우리가 참으로 복이 많은 사람들이라고 느낀다. 남동생이 없는 사람들은 대단한 선물을 놓친 셈이다. 형들은 엄격한 영웅, 부모 같은 존재, 따라가거나 비켜 가야 할 북극성 같은 존재지만, 인생 첫 장에서의 남동생은 순진하고 간절하고 무해하고 온화할 뿐이다. 오묘하게도 그들은 당신의 가장 좋은 모습, 예전 모습, 언제까지나 간직하기를 바라는 일부를 반영한다. 기묘하게도 그들은 한동안이나마 가족의 가장 좋은 모습을 드러낸다. 서로를 서로에게 묶어 주는 혈연의 선량하고 진실하고 거룩한 본질이다.

    우리가 거리를 절반쯤 내려가다가 비로소 막냇동생을 깜박했음을 깨닫고, 마지못해 자전거를 내리막길에 비틀어 세우고, 늘어진 단풍나무 밑에서 동생이 따라오기를 짜증스레 기다리던 순간을 종종 떠올린다. 그 기억은 동생의 깊숙하고 진실하고 거룩한 면모를 설명한다. 동생은 너그럽고 용감하고 근면하고 듬직한 남자로 자랐다. 나는 왠지 모르게 그 아이가 저만치 앞에서 미소 띤 얼굴로 나를 기다리고 있고, 나는 그 아이를 따라잡으려고 죽자 사자 페달을 밟고 있다고 느낀다.

찬란한
존재들

 한 아이는 가는 곳마다 내 왼손 새끼손가락을 꼭 붙잡고 다녔다. 다른 손가락이나 오른쪽 새끼손가락이 아닌 왼쪽 새끼손가락만 쥐었고 손 전체를 잡는 법도 없었다. 오늘 아침 내 손가락은 그 아이의 손이 그립다. 그 아이가 내 손가락을 놓은지 여러 해가 지났는데도. 요즘도 아침에 옷을 입다가 가끔 왼쪽 새끼손가락에 눈길이 닿으면 나는 문득 놀이터로, 바닷가로, 웅성대는 군중 속으로 돌아가 있다. 18kg짜리 인간이 내 왼쪽 새끼손가락을 너무 꽉 붙들어서 몸이 좌측으로 기우뚱할 지경이다. 좌측으로 기우뚱하던 그 순간이 그립다.
 다른 아이는 주로 내 왼쪽 바짓가랑이를 움켜쥐고 다녔지만, 필요할 때는 내 손을 잡았고 한 번은 양손을 잡기도 했다. 우리가 함께 파도를 헤치고 나아갈 때였다. 내 무릎 깊이의 물이 그 아이에게는 허리까지 찼다. 나는 방긋방긋 키득키득 웃는 작은 보트인 듯 그 아이를 바다 동굴에서부터 끌고 걸어왔다. 바다 동굴에 가면 연어를 먹고서 낮잠을 실컷 즐긴 바다사자들이 조수 웅덩이로 뛰어들 줄 알았는데 우리가 발견한 것은 불가사리, 게, 말미잘, 신발만한 홍합이었다.

세 번째 아이는 언제나 답삭답삭 손을 잡았다. 어떤 손이든, 누구의 손이든, 내 손이든, 제 엄마의 손이든, 제 형의 손이든, 제 누나의 손이든, 친구들의 손이든 가리지 않았다. 이모, 고모와 삼촌, 사촌, 할머니와 할아버지, 선생님, 개, 나무, 이웃, 덤불, 어떤 생명체와도 전혀 두려워하거나 수줍어하지 않고 손을 잡았다. 지금까지도 나는 그 아이의 솔직하고 진실하고 간절하고 순수한 에너지에 감탄한다. 다섯 살 때 아이는 축구 시합 내내 단짝 친구와 손을 잡고 나란히 뛰었다. 그러다 한 아이가 깨닫지 못한 사이 다른 아이가 한쪽 방향으로 달음박질을 시작하자 둘은 드넓은 잔디밭에서 킥킥대며 웃었다. 우리가 눈만 똑바로 뜨면 천사는 어디에나 있는 듯하다. 그들은 꾸밈없고, 유쾌하고, 끈질기고, 화사하고, 찬란하여 어찌해도 숨겨지거나 감춰지거나 걸러지지 않는다. 가장 편협하고 소심한 사람들조차 이따금씩 그들을 알아보듯, 제대로 보는 눈만 있다면 그들이 누구인지 곧바로 깨달을 수 있다. 생기 있고 청초한 겉모습을 입은 거룩하고도 하찮은 빛의 존재들임을. 그들이 당신의 스승이자 무한한 사랑을 전하는 대리인, 경이로운 사촌과 동료임을 벅찬 마음으로 깨달을 수 있다. 그들은 기적이요, 기도요, 이루 말할 수 없이 아름다운 노래다. 아무도 설명할 수 없고, 아무도 소유하거나 요구하거나 구속할 수 없으며 그저 인식하기만 해도 형언하기 힘든 축복을 안겨 주는 존재다. 화창한 아침에 진흙탕에서 깔깔대며 시시한 축구 경기에 열중하던 그들을 바닷가의 인파를 헤치고 집으로 끌고 가는 임무를 맡는 사람이 되는 것은 이루 헤아릴 수 없이 큰 축복이다. 그 사람은 과거에도 나였고, 현재에도 나이며, 미래에도, 죽는 날까지 나일 것이다. 그들은 사람의 판단이나 척도로는 짐작할 수 없는 경이롭고 신비로운 방식으로 이 모습에서 다른 모습으로 형태를 바꿀 것이다.

100번가

9월 11일 이후 우연찮게 일곱 달을 뉴욕에서 지내면서 내 마음이 여전히 수수께끼마냥, 선문답마냥, 프리즘마냥 엎치락뒤치락 하는 순간을 만났다.

무지한 의견과 단조로운 연설과 근엄한 강의만으로 꽉꽉 채워진 학회에서 온종일을 보냈더니 저녁 무렵에는 모든 게 지긋지긋해졌다. 거만한 권위에 절은 잔소리에 싫증이 났고, 무례하고 교만하고 아둔한 사람들에게 싫증이 났고, 두터운 신앙심의 탈을 썼지만 실제로는 자비나 겸손이라고는 티끌만큼도 담기지 않은 엄격한 도덕률에 싫증이 나서, 발표와 강연만 줄줄이 이어질 게 뻔한 공식 만찬을 슬며시 빠져 나왔다.

할렘의 모호한 경계 근처, 맨해튼섬의 어퍼웨스트사이드까지 올라갔다. 힘차게 걸어 멀리까지 이동했다. 육군과 해군 용사 기념비까지 내려가, 활짝 트인 허드슨 강가를 따라가다가, 잔 다르크 공원에서 뒷발로 선 말 등 위의 잔을 지나, 100번가의 소방관 기념비까지. 111번가에 있는 고풍스런 세인트 존 더 디바인 대성당까지 걸어갈 작정이었지만, 이 무렵에는 발이 아프고 맥주가 간절해져서 그냥 술집으로 들어갔다.

저녁과 밤 사이의 황혼 무렵이라 술집에는 손님이 적지 않았지만 너무 많지도 않았다. 대부분은 퇴근 후에 맥주 한 잔을 마시러 들른 사람들로 보였다. 구석 자리 테이블의 남자들은 전화선 수리공이나 전기공이 입는 빛바랜 작업복 차림이었다. 다른 테이블에는 원숙한 여성들이 수수하고 칙칙한 회사 유니폼을 입고 있었다. 번드르르한 정복을 빼입고 아버지와 삼촌으로 짐작되는 고령의 남자 둘과 함께 카운터 앞에 앉아 있는 젊은 해병이 내 흥미를 끌었다. 두 노인은 그의 어깨에 다정하게 손을 얹은 채 웃고 있었고, 해병은 오랜만에 자신의 어깨에 올라온 애완용 새라도 되는 듯 그들의 손길을 즐기고 있었다.

나는 맥주 한 잔을 가지고 구석자리에 앉아 근사한 구식 리

본 넥타이를 맨 바텐더가 해병 앞에 맥주를 놓고 돈을 내려 하는 삼촌을 손짓으로 만류하는 모습을 지켜보았다. 그의 유쾌한 몸짓에 행복해졌다. 존중과 친절을 거의 느껴보지 못한 날, 사려 깊고 정중하고 훈훈한 이 장면이야말로 하이라이트가 될 거라 생각하던 찰나, 문이 열리더니 젊은 소방관 두 명이 술집으로 들어왔다. 소방복 차림은 아니었지만 '뉴욕 소방청'이라 적힌 셔츠를 입고 있었고, 그들의 튼튼한 작업화를 보니 어쩌다 뉴욕 소방청 셔츠를 입은 게 아니라 진짜 소방관이 맞구나 싶었다.

그들이 술집으로 몇 발짝 들어섰을 때, 절대 잊지 못할 일이 일어났다. 술집에 있던 모든 사람이 조용히 기립했다. 여자들의 테이블이 먼저였고, 다음으로 나를 포함한 손님이 전부 일어섰다. 누군가 박수를 칠 성 싶었지만 아무도 소리를 내지 않았다. 카운터 앞에 서 있던 남자들이 소방관들을 향해 일제히 몸을 돌리고 젊은 해병은 나무처럼 몸을 꼿꼿이 세운 채 경례를 했다. 뒤이어 그의 아버지와 삼촌도 경례를 하자 술집 안의 모든 사람이 소방관들에게 경례했다. 그곳에는 아무 소리도 나지 않았다. 유리잔 부딪치는 소리, 신발 끄는 소리, 기침 소리조차 없었다.

잠시 후, 한 소방관이 모두에게 고개를 끄덕이고, 다른 소방관은 오른손으로 가볍게 감사 인사를 했다. 바텐더가 맥주 두 잔을 카운터에 놓자 사람들은 자리에 앉았고, 모든 것이 원래대로 돌아갔다. 아니, 그럴 수는 없었다.

첫 묵주

할머니가 첫영성체 기념으로 주신 선물이다. 묵주는 경첩 달린 보석함에 약혼반지처럼 소중하게 놓여 있다. 당신이 첫영성체를 치른 성대한 미사가 끝난 후 할머니는 당신에게 묵주를 건넸다. 당신은 아직 꼬마 사업가처럼 보이는 어색하고 불편한 첫 정장이나, 꼬마 공주처럼 보이는 바스락거리고 거북한 흰 드레스 차림이다. 새 구두가 발꿈치에 동전 크기의 물집을 서서히 만들고 있었다. 화창하고 선선한 뒷마당에서 열린 축하 파티에는 당신과 형제자매들이 결혼식이나 장례식에서나 보았을 법한 맛난 음식이 풍성했다. 이모, 고모들과 삼촌들이 당신에게 현금이 담긴 봉투를 건넸다. 두 이모는 5달러 위의 에이브러햄 링컨, 20달러 위의 앤드류 잭슨이 보이도록 구멍이 뚫린 봉투를 주었다. 평소 가장 성미가 퉁명스럽고 까칠하던 삼촌은 당신이 모르는 얼굴이 밖을 내다보는 봉투를 내밀었다. 당신의 형이나 오빠가 어깨 너머로 들여다보더니 그 사람은 율리시스 그랜트Ulysses Grant고 넌 이제 부자라고 했다. 당신은 그 순간까지, 그 이후로도 50달러 지폐는 본 적이 없다. 지금도 마음 한편에는 그 50달러 지폐를 간직했으면 어땠을까 하는 작은 아쉬움이 남아 있다.

그 돈은 역시 어머니, 아버지에게 선물받은 성경 책에 고이 끼워 두었을 것이다. 아버지는 도시의 서점에서 구할 수 있는 수많은 성경 가운데 그것을 골랐고, 어머니는 그것을 반질반질한 흰 종이로 정성껏 포장했다. 포장을 푸는 순간 당신은 왼쪽 어깨 위에 아버지의 오른손을 느꼈고, 곁눈질로 당신을 보는 어머니의 엷은 미소를 느꼈다. 아기 때 그것이야말로 사랑이라는 단어의 의미임을 깨닫고 평생을 사랑해 온 바로 그 미소였다.

묵주는 푸른빛 유리, 장밋빛 유리, 까만 플라스틱, 하얀 뼈, 깊은 광택이 도는 적갈색 오크나 마호가니 재질이었다. 그것은 구겨진 반투명 종이 위에 살포시 자리 잡고 있었다. 구슬들은 세밀한 금속 고리나 촘촘하고 아름답게 땋은 끈으로 엮여 있었다. 십자가에는 앙상하고 수척한 작은 예수님이 매달려 있었다. 피로와 절망에 빠져 머리를 가슴 위로 푹 숙인 채. 당신은 그 모습을 볼 때마다 그분이 불쌍했지만 이 문제를 두고 어른들과 이야기를 나누기는 어려웠다. 행여 당신이 '그 가여운 분' 같은 표현이라도 쓸라치면 어른들은 변증학인지 해석학인지 뒤죽박죽된 신학인지를 들먹이며 그분의 죽음이 사실은 영광스러웠다느니, 그분은 부활하셨다느니, 우리의 어머니 교회가 그렇게 말했다느니 하면서 당신이 하는 말은 들으려고도 않고 끝도 없이 미심쩍은 종교 교리를 쏟아 낼 테니까. 당신은 그저 매 맞고 버려진 그분이 안쓰러웠을 뿐인데. 이따금씩 당신은 고대 아일랜드 스타일의 영웅 전사가 되는 꿈을 꾸었다. 시간을 거슬러 올라가 날래고 억세고 매서운 주먹으로 로마 제국의 병사들을 때려눕히고 예수님을 감옥에서 구출한다. 함께 언덕으로 무사히 달아나 안전해진 순간 예수님은 당신의 어깨에 여윈 손을 얹고 '고맙다 형제여.'라고 감사 인사를 한다. 골고타 언덕에서 투박한 십자가에 매달려 고통에 시달리다가 홀로 죽음을 맞이하는 대신.

　새 묵주를 다시 특별한 선물 상자에 돌려놔야 하지만 묵주는 어쩐지 촉각을 자극하는 구석이 있다. 낭창낭창하고 구불구불한 것이 자꾸만 만지작거리고 싶어진다. 당신은 한참 가만히 묵주 알을 쓰다듬는다. 당신이 기도하는 줄로 여기고 이 모습을 지켜보던 이모가 와인을 엎지른다. 하지만 우리는 마당에 있기 때문에 상관없다. 나중에 이모는 당신의 어머니에게 저렇게 묵주 알을 굴리는 걸 보니 당신이 신부나 수녀로 선택받은 모양이라고 너스레를 떨고, 어머니는 터지려는 웃음을 애써 참는다.

　어린 사촌 하나가 당신의 새 묵주를 노리지만 그 녀석의 손에 들어가면 묵주는 산산조각 날 게 뻔했다. 그 아이는 파괴 대마왕이라 살짝 건드리기만 해도 배터리가 다 나가고 안경이 뚝 부러지고 농구공이 푹 꺼지기에, 당신은 묵주를 호주머니나 새하얗게 반짝이는 새 비닐 봉투 속에 슬그머니 숨긴 채 파괴 대마왕을 팔꿈치로 찔러 물리치고, 녀석은 자전거나 문설주를 부수러 떠난다. 삼촌들은 두 잔째 맥주를 마신다. 오늘은 특별한 날이고, 삼촌들은 운전을 하지 않고, 날씨가 좋기 때문이다. 이렇게 화창한 날에 즐기라고 하느님께서 맥주를 만드신 것이라고 아우구스티노 성인은 말했다. 못 믿겠으면 찾아보든가.

그날 밤 늦게 침대에 누워 있을 때, 그리고 방 한쪽에서 형이나 누나가 늘 그렇듯 천식 걸린 오소리마냥 코를 골고 있을 때, 당신은 언뜻 묵주를 떠올리고 살며시 일어난다. 호주머니나 가방에서 그것을 꺼내어 살금살금 침대로 돌아와서는, 그 요란한 코 고는 소리가 그치도록 슬쩍 발길질이나 할까 잠시 고민하다가, 이불 속에서 몸을 옹크려 온기를 품은 작고 단단한 고치를 만들면, 버터나이프로 테이블을 반으로 써는 것 같은 무시무시한 코골이는 거의 들리지 않는다. 잠시 복잡한 마음으로 묵주를 다시 만지작거린다. 당신은 쿨한 사람이라 매사에 시큰둥하고 싶지만 묵주는 할머니가 주신 선물이기도 하다. 할머니는 무뚝뚝한 분이지만 뚱한 표정 밑에는 따뜻한 마음이 숨어 있고, 아버지는 아까 당신의 어깨에 손을 얹었다. 그것은 당신을 사랑한다는 아버지만의 언어다. 어머니는 당신을 곁눈으로 보며 아주 짧은 순간 엷은 미소를 지어 보였다. 묵주는 당신의 손 안에 흐르는 강과 같고 당신은 그 가엾은 남자가 진심으로 안쓰럽다. 그리고 꼬맹이 때부터 당신은 라디오에서, 교회에서, 때로는 집에서 묵주 기도를 웅얼거리고 중얼거리고 흥얼거리는 소리를 들으며 긴장을 풀고 대신에 매혹과 신비와 낭만을 느꼈다. 주거니 받거니, 가거니 오거니 이어지는 한없이 오래된 음악, 반복되는 성모송, 주님의 기도의 솔직하고 진실한 탄원. 유리가 됐든 뼈가 됐든 플라스틱이 됐든 나무가 됐든 구슬을 손가락으로 만지작거리며, 당신은 오로지 묵주를 꺼내어 돌리기 위해 성모송을 읊는다. 그러다 의미도 모른 채 한 단을 마치고, 또 한 단을 마치고, 어떤 것이 환희의 신비인지, 어떤 것이 영광의 신비인지, 그 사이에 무슨 차이가 있는지 어렴풋이 떠올리면서 소르르 잠이 든다.

당신이 잠든 지 정확히 한 시간 후 정확히 같은 초에, 아버지가 아이들을 살피러 들어왔다가, 당신의 손가락에 엉킨 묵주를 보고는 조용히 아래층으로 내려가 어머니에게 다가간다. 개수대 앞에서 손에 거품을 묻힌 채 의아한 표정으로 아버지를 돌아보지만, 어머니는 아버지를 잘 알기에 손을 헹구고 낡은 파란 수건으로 닦은 다음 같이 위층으로 올라간다. 두 사람은 잠시 달빛 속에 서서 당신의 침대를 내려다본다. 둘 다 한마디도 하지 않지만 그 짧은 순간을 언제까지나 잊지 못한다. 가끔씩, 아무런 이유 없이, 오랜 세월이 지난 지금도, 한 사람이 그 기억을 떠올려 상대에게 가만히 무언가를 이야기하면, 두 사람은 잔잔한 미소를 지으며 강렬한 환희와 영광과 고통에 휩싸인다. 처음과 같이 이제와 항상 영원히, 아멘.

그 짧은
시간

사소하지 않은 사소한 사건 한 가지를 또 소개한다. 어쨌든 내게는 사소하지 않다. 오래 전에 나는 보스턴의 한 농구 팀에서 선수로 활동했다. 20대 남자들로 구성된 리그였는데 개중 몇몇은 아주 뛰어난 선수였다. 우리 팀에도 그런 녀석이 있었다. 대학 팀에서 활약했던 친구였다. 운동 신경이 뛰어났던 그는, 재밌게도 세계적인 프리스비 선수였고, 그의 막강한 프리스비 팀은, 농담이 아니라 진짜로, 스웨덴에서 첫 세계 타이틀을 획득했다. 골을 잘 넣는 선수는 유연하고 우아하고 유능하고 대범하므로 패스도 잘 하는 법이다.

코트에서 가끔 마르디 그라* 목걸이를 착용하는 것을 포함해, 그에게는 사소하고 유별난 경기 습관이 있었다. 우리가 경기 시작 전에 준비 운동을 하려고 나란히 서면, 그 친구는 공을 던진 후 백보드를 두드리곤 했다. 그가 처음 몇 차례 그런 행동을 했을 때 우리는 웃음을 터뜨렸다. 그러다 그런 일이 다 그렇듯 서서히, 말없이, 다들 똑같이 따라 하기 시작했다. 웃기고 엉뚱한 행동인데다, 우리가 자신들을 무시하거나 조롱하고 있다는 인상을 주어 상대편의 짜증을 돋웠기 때문이다. 겨울 리그, 작고 더운 체육관, 여름 리그, 공원의 우뚝 솟은 느릅나무와 참나무 밑에서 우리는 그 동작을 계속했다. 때로는 연주하듯 반복하여 두드렸고, 한 녀석이 백보드가 흔들릴 정도로 세게 쳐서 다음 선수의 슛을 튕겨 내자 우리 팀은 다들 낄낄대며 웃었다. 한 게임 걸러 한 번씩 심판은 우리 주장에게 경기에서 그런 짓을 하면 테크니컬 파울을 선언할 거라 경고했고 주장은 이 사실을 우리에게 의기양양하게 보고했다. 우리는 다시 낄낄거리고, 경기는 시작되었다.

---

* 사순 시기가 시작되는 '재의 수요일' 하루 전날 열리는 축제. 이날을 상징하는 보라, 녹색, 황금색 의상과 가면, 목걸이 등으로 화려하게 치장하고 마음껏 먹고 마시며 퍼레이드 등을 즐긴다. ─ 옮긴이 주

그런데 목걸이를 하고 다니던 친구가 병에 걸렸다. 중병이었다. 몸이 서서히 쇠약해지다가 결국 심장과 폐가 기능을 멈추어 목숨을 잃게 되는 병이었다. 보고 있기가 고역이었다. 누가 그리 되더라도 안타깝지만 탁월한 운동선수가 그런 병에 걸리고 그의 행복을 표현하던 우아하고 유연한 육신이 서서히 멈추고 무너지는 모습을 지켜보기란 여간 괴롭지 않았다. 그는 어느 쪽 손으로든 슛을 할 수 있었다. 여러 선수가 시도했지만 실제로 할 수 있는 사람은 그 친구가 유일했다. 그는 우스꽝스러운 슛을 날리고 나서 우리를 돌아보며 요란하게 웃어 대곤 했지만 그런 정신 나간 슛이 골대 가운데로 떨어지면서 그물을 흔들면 그물이 간혹 림에 걸리기도 했다. 그러면 누군가 뛰어올라 아래로 끌어 내려야 했다.

그 친구는 세상을 떠났다. 당연히도. 그가 앓았던 병에서 회복한 사람은 아무도 없다. 아직은. 이렇게 오랜 세월이 흐른 뒤에도 그의 친구들은 의료계에서 그 병의 치료법을 찾는 데 보탬이 되고자 기금을 모으고 있지만. 아직은 회복한 사람이 없지만 언젠가는 달라질지도 모른다.

하지만 내가 이야기하고 싶은 사소한 사건은 이것이다. 그 친구가 세상을 떠난 후 어느 날 밤, 우리는 한때 여름 리그 경기를 치렀던 공원에 모여 농구를 했다. 우리 여덟 명은 몸을 풀고 발목에 테이프를 감으며 신소리를 주고받고 아내와 여자친구와 직장과 첫 아이 이야기를 나누다가 4대 4로 팀을 짜서 시합을 할 참이었다. 이 사소한 사건은 코트로 이동하는 중에 일어났다. 우리는 옛 레이업 라인으로 돌아갔다. 첫 번째 선수, 우리의 실력 있고 영리한 포인트 가드가 레이업 슛을 시도하고는 백보드를 두드렸다. 다음 선수도 백보드를 때리는 순간 다들 눈치를 챘다. 결국 그날 밤 여덟 남자는 대충 레이업 슛을 시도한 다음 모두 백보드를 두드렸다. 한 친구가 너무 세게 쳐서 보드가 덜덜거리자 다음 친구가 레이업 슛으로 그 진동을 멈췄다. 다 같이 낄낄거리다가 경기가 시작되었다. 하지만 나는 그 몇 분 사이에 일어난 일에 대해 이야기하고 싶었다. 우리가 한 사소한 행동은 결코 사소하지 않았다고. 그 짧은 시간은 틀림없이 우리 모두의 뇌리에 새겨질 것이다. 기도하는 방법은 여러 가지니.

※ 농구 경기에서 드리블을 하며 달려가다가 골대 가까이에서 점프하며 공을 던지는 슛. ─ 옮긴이 주

그날 아침

　나를 태운 어머니의 차가 빗속을 뚫고 해변으로 달리고 있다. 나는 여름 아르바이트에 지원했다. 비가 억수같이 내린다. 우리는 말이 없다. 길가에 늘어선 키 작고 울퉁불퉁한 관목들 사이로 갈대가 퍼지고 있었다. 나는 외투 속에서 몸을 옹송그린다. 도로에 다른 사람은 아무도 없다. 어머니에게는 아무리 감사해도 부족하다. 길이 흠뻑 젖어 타이어가 우리 뒤에 물줄기와 물기둥을 뿜어낸다. 내 쪽 사이드미러에 내내 갈라지는 빗길이 보인다. 어머니는 도로에 집중하고 있다. 내가 잠시 후에 볼 면접에 대해 뭔가 조심스레 조언해 주고 싶은 눈치지만 어머니는 말해 봤자 내가 듣지 않을 것임을 안다. 나는 어머니가 한 말이 아니라, 했다고 생각하는 말을 들을 것이다. 그 무렵의 나는 어머니가 한 말이 아니라, 말하지도 의도하지도 않은 것을 들었다.

어머니는 그날 아침 나를 깨워 밥을 먹이고, 단정히 접은 옷을 건네고, 내가 작성했어야 하는데 하지 않은 수많은 서류를 건넸다. 물론 나는 어머니가 비를 뚫고 해변까지 나를 태워다 주는 동안 부랴부랴 괴발개발 서류를 채웠다. 조용히 이동하는 차 안에서 내가 글씨를 대충 휘갈기는 사이 어머니는 내게 해 주고 싶은 온갖 말들을 생각했겠지만 현명하게도 입 밖으로 꺼내지 않았다.

18년 동안 각별한 사랑과 보살핌을 베풀어 준 어머니에게 감사하다는 말을 전하거나 속삭이거나 웅얼거릴 수 있는 완벽한 순간이었을 것이다. 엄마, 그동안 얼마나 고생하셨는지 알아요, 그 많은 아이들 키우느라 얼마나 힘드셨는지 알아요, 엄마 아빠가 돈 때문에 얼마나 속을 태우셨는지 알아요, 낳아서 아껴 주고 길러 주고 지켜 주고 가르쳐 주고 사랑해 준 아이들이 버릇없고 비열하고 경박하고 건방지게 굴면 어떤 심정일지 상상조차 못하겠어요, 같은 말을 하기에 매우 적절한 순간이었다. 내가 한 번쯤 다정한 말을 건네기에 딱 좋은 시간이었다. 빗속을 뚫고 해변으로 가던 그날 아침처럼 우리가 30분이라도 단둘이 있었던 적은 거의 없다. 그때야말로 내가 다 알아요 엄마, 사랑해요 엄마라고 차분히 고백할 절호의 순간이었지만 나는 끝내 그런 말을 하지 않았다. 나는 날마다 30초에 한 번씩 그 말을 해야 했다. 새벽마다 땅에 머리를 대고 어머니에게 감사하다고 말해야 했다. 그 의미가 무엇이든 '자비'와 '이성'과 '상상력'을 주신 데 대해. 키 작고 울퉁불퉁한 나무 사이로 이어진 차분한 길의 고요한 빗속을 달리는 조용한 차 안에 단둘이 있을 때야말로 완벽한 기회였을 것이다.

우리가 주립 공원 본부에 도착했을 때는 이미 때가 늦어 아무 말도 할 수 없었다. 나는 면접을 보러 허둥지둥 나갔고, 그 후 한참 동안 어머니가 무엇을 했는지 알지 못한다. 아마도 산책로를 따라 걸었거나, 차 안에 앉아서 편지를 썼을 것이다. 어머니는 늘 움직였고, 아무것도 할 필요가 없는 순간에도 항상 조용히 무언가를 했다. 과거에도 그랬고 여전히 그렇다. 다만 지금은 아주 느릿느릿 움직이고 운전은 하지 않는다. 이제 내가 운전을 하고 어머니는 조수석에 앉은 채 둘이서 자유롭고 유쾌하게, 심오하고 진지하고 간절한 대화를 나눈다. 그리고 어머니와 이야기를 나눌 때마다 나는 사랑한다고 말한다. 우리는 그 말을 충분히 주고받지 않았다. 한참 후에 면접을 끝내고 돌아오자 어머니는 차에 시동을 걸었다. 우리 차는 구부러지고 뒤틀린 관목 사이를 달려 집으로 향했다. 그 길에는 리기다소나무와 위성류가 서 있고, 여기저기 자두나무와 옻나무 수풀도 보였다. 베어베리 덤불을 본 것도 같다.

고인과의 대면

 어제 해질녘에 성전에 들어가서 그녀를 보았다. 그녀는 왼편에 놓인 관 속에 누워 있고, 아들은 보초를 서듯 그 곁을 지키고 있었다. 사제인 그는 환영의 뜻으로 엷은 미소를 지었다. 젊은 사람들은 그에게 다가가 포옹을 하고, 나이 든 사람들은 악수를 했다. 가만 보니 악수하는 노인들은 오른손으로 그의 오른손을 잡고서 왼손으로 꽉 쥔 두 사람의 손을 감쌌다. 아버지나 보호자를 연상시키는 그 몸짓을 보자 어떤 까닭인지 내 마음이 뭉클해졌다.

 반쯤 열린 관 속의 그녀는 아름답고 우아한 드레스를 입고 있었지만 발에 어떤 신을 신고 있는지는 보이지 않았다. 아마도 가장 좋은 구두를 신고 있으리라 짐작했다. 그녀의 손에는 분홍색 유리 묵주가 감겨 있었다. 수요일이니 그녀는 영광의 신비를 바치면서 예수님의 부활, 승천, 성모 승천을 묵상할 것이다. 그녀는 요일마다 어떤 신비를 묵상하는지 알고 있었다. 세 살 때부터 날마다 묵주 기도를 올렸으니까. 몸이 많이 아플 때도 묵주 기도를 거르지 않았고 아들의 얼굴과 이름을 더 이상 기억하지 못하게 되어도 손가락으로 묵주 알을 굴렸다. 묵주라는 말의 의미를 더 이상 모르게 되더라도 묵주 기도를 할 수 있다고 나는 믿는다. 그때야말로 가장 간절한 기도를 올리게 될지도 모른다.

그녀의 머리는, 진작에 유행이 지났지만 그녀에게는 한결같이 잘 어울렸던 불룩한 스타일로 멋지게 손질되어 있었다. 정성껏 부풀려 마법의 약품으로 고정한 머리를 하지 않은 그녀의 사진이 이 세상 어딘가에 있다 해도 나는 본 적이 없고 그런 것이 존재한다고 믿을 수도 없다. 그녀는 어릴 때부터 날마다 몸에 지녔던 스카풀라를 착용하고, 목에는 기적의 메달을 걸고 있다. 그녀는 성모 마리아와 절친한 사이였고, 특히 남편과 다른 아들을 여의었을 때 그분과 끊임없이 대화를 나누었다.

그녀의 아들이 이제 제의실로 이동한다. 오늘 밤 그는 어머니를 위한 밤샘 미사를 집전할 예정이다. 하지만 사람들과 계속 포옹과 악수를 나누느라 제의실에 도착하기까지 한참이 걸린다. **너를 정성껏 거두리라,** 성가대가 노래한다. 나는 잠시 관 옆에 머무른다. **너를 인도하고 내 가슴에 꼭 껴안으리라,** 성가대가 노래한다. 아홉 살 쯤 된 아이 하나가 겁에 질린 채 관 한 구석을 들여다본다. **우리는 지치지 않고 달리리라.** 성전에 죽은 사람이 떡하니 누워 있으니 아무래도 무서울 수밖에. 나는 아이가 가엾었다. 얼굴과 손에 엷게 화장을 해서인지 그녀는 꽁꽁 얼어붙은 것처럼 보인다. **우리 다시 일어서리라.** 그녀의 사제 아들이 제의실에서 나와 복사들과 나란히 선다. **눈을 들어 별을 만드신 그분을 보라.** 신자들이 부스럭대며 일어나, 그들의 친구이자 동료인 사제를 바라본다. 미사가 시작된다. 그와 어머니는 내일 기차를 타고 고향 집으로 돌아간다. 밤에는 옛 교구에서 묵주 기도를 드릴 것이다. 희미한 촛불 속에서 옛 이웃과 친구들이 위령 기도를 올리고, 다음 날 아침 장례 미사를 마치면 그녀는 사랑하는 남편, 다른 아들 곁에 묻힌다. 사제 아들은 형제나 부모 곁으로 가지 않고, 언젠가 동료 사제들이 잠들어 있는, 낮은 돌담을 둘러친 들판에 묻힐 것이다. 학생들이 수업을 들으러 오갈 때마다 지나는 돌담이다. 나는 그 들판과 돌담을 본 적이 있다. 수백 명의 잠든 사제들 옆을 지나가면서 담을 손으로 살며시 쓰다듬는 학생들도 본 적이 있다. **나는 너희를 알고, 너희의 이름을 하나하나 부르리라.** 나는 그렇게 되기를 온 마음을 다해 기도하고, 성수로 나를 축복하고, 우리가 아직 살아 있는 동안 아내, 아이들과 함께하기 위해 성전을 빠져나간다. 우리가 아직 살아 있는 동안.

우리가 날마다 저지르는 살인

 신부님, 죄를 지었으니 제게 강복하소서. 제가 지은 죄 때문에 후회하는 마음이 조금 생겼다가 아예 없어졌다가 합니다. 이유를 설명할게요. 어제 남자 하나가 우리 주의 어느 학교 교실에 들어가 9명을 쏴 죽이고 10명에게 평생 다리를 절고 온갖 고통에 시달려야 할 만큼 심한 부상을 입혔습니다. 그 총격범은 경찰이 쏜 총에 맞아 죽었습니다. 하지만 이런 일은 다른 곳에서도 일어났지요. 콜럼바인과 오로라와 샌디 후크와 찰스턴과 노르웨이와 던블레인과 태즈메이니아, 제가 더 열거해야 할까요? 그러면 저의 죄가 무엇이냐고요? 말씀드릴게요, 신부님. 누가 엿들을 수도 있으니 이쪽으로 좀 가까이 오시겠어요?

저는 총격범들을 쏘고 싶었습니다. 머리에다가. 정말로요. 흥분이 좀 가라앉자, 이 일은 총기 규제와는 아무 관계가 없다고 떠들어대기 시작한 바보들을 주먹으로 한 대 치고 싶었습니다. 다음에는 학교 주위에 15m 간격으로 무장 경비원을 배치하지 않았다고 학교를 비난한 사람들을 패고 싶었습니다. 다음으로는 그 후 꼬박 한 달 간 쉰 목소리로 해설과 논평과 조언과 코멘트를 한답시고 떠들어 대는 모든 사람을 후려치고 싶었습니다. 그 다음에는 제 눈에 시체가 담긴 자루와 울먹이는 사람들 밖에 보이지 않았습니다. 총격범의 부모는 말없이 흐느낄 뿐이었죠. 제 자신이 부끄러웠습니다, 신부님. **저**는 난폭한 충동에 휩싸여 주먹질하고 발길질하고 고함을 쳤고, **제** 안에는 대부분의 남자, 솔직히 말해 대부분의 여자 안에 있을 엄청난 폭력성이 꿈틀거리고 있으니까요. 신부님이 저를 도와주실 수 있을까 해서 찾아왔습니다. 이런 상황이 언젠가는 끝날 거라 말씀해 주세요. 예수님께서 옳으셨고, 다른 **뺨**을 내민다고 항상 다른 **뺨**에도 칼자국이 나는 것은 아니라고 말씀해 주세요. 이런 일들은 사탄과 악과 광기 같은 흔하고 헛된 이름과는 아무 상관없고 모든 사람의 마음속에 도사린 음울한 그림자와 관계가 있다고 말씀해 주세요. 그분의 명령 때문이 아니라 폭력을 전쟁 박물관에 가야만 볼 수 있는 것으로 만들기 위해서 우리가 갖은 노력을 다한다면, 언젠가 그 그림자가 흩어지고 걷힐 거라 말씀해 주세요. 날마다 일어나는 살인을 해결할 수 있는 것은 바로 **우리**라고 말씀해 주세요. 그리스도께서 우리 안에 계시다고 분명히 말씀해 주세요. 만약 우리가 빼기고 뽐내고 꼬리표 붙이는 것을 멈추고, 뇌에 벌레만 가득 찬 우둔한 외톨이들에게 뭔가 손을 쓴다면 그리 될 수 있다고 말씀해 주세요. 사실 우리는 머리에 벌레가 가득 찬 우둔한 외톨이들만 가리키는 게 아니잖아요? 빈 라덴이나 히틀러처럼 모든 사람에게 무엇이 최선인지 안다고 확신하는 오만하고 방자한 허풍쟁이 이야기도 하고 있는 거잖아요? 지금이 마치 7세기인 양 사막을 독차지하려고 설치는 비열한 칼리프 지망생 이야기도 하고 있지 않나요? 자기가 제일 잘 아는 줄 아는 사람을 전부 뭉뚱그려 얘기하는 거잖아요? 모든 남자, 대부분의 여자의 마음속에 있는 까끌까끌한 증오의 가시 이야기를 하고 있는 거 아닌가요? 신부님과 저의 마음을 말하는 거 아닌가요? **저의** 진짜 죄가 뭘까요? 무고한 이들을 죽이는 사람들, 입을 열면서 머리는 닫는 사람들에게 느끼는 분노보다 제 죄가 더 깊을까요? 저의 죄는 종종 마음속 깊은 곳에서 우리에 대한 희망을 버린다는 거예요, 신부님. 정말 그래요. 매일 밤마다요. 저는 아내를 깨우지 않습니다. 안 그래도 아내는 신경 쓸 데가 많으니까요. 하지만 저는 잠을 못 이룬 채 어쩌면 우리가 백만 년 전의 야만적인 영장류와 다를 바 없고, 문화와 문명은 허울에 불과하다는 생각, 우리는 언제까지나 숱한 무기의 방아쇠를 당길 거라는 생각을 합니다. 권총, 소총, 대포, 무인 항공기, 폭격기, 탄두, 그밖에 우리가 앞으로 발명할 훌륭한 살인 도구로요. 우리는 정말 창의적이죠, 신부님? 상대편을 산산조각 내고도 피비린내 나는 흙을 정당한 변명거리로 덮을 기발한 방법을 늘 찾아내니까요. 제가 말씀드리고 싶은 게 바로 그겁니다, 신부님. 저는 분노하고 절망합니다. 그래서 부끄러워요. 둘 다 편협한 감정이니까요. 저는 관대한 사람이 되고 싶거든요. 모두 관대해졌으면 좋겠어요. 그리스도께서 옳기를 바랍니다. '총격범'이라는 단어가 잊히길 바라요. 우리가 폭력을 이기기를 바랍니다. 하지만 저는 우리가 언제까지나 편협할까 봐, 그리스도의 말씀이 피의 쓰나미에 잠길까 두렵습니다. **신부님**은

저를 용서하실 수 없다는 거 압니다. 왜 그런지도 잘 알고 있습니다. 하지만 저는 우리가 지독한 갈증에 시달리면서도 다시는 물을 찾지 못하리라 느낄 때, 신부님이 하느님께 희망을 달라고, 인내를 달라고, 한 줄기 물과 같은 그분의 사랑을 내려 달라고 함께 간절히 기도해 주시기를 청합니다. 아멘.

게임

내 친구 하나가 판타지 축구 게임에 홀딱 빠져서는 그것이 주는 행복에 대해 장황하게 설명하고 있었다. 그 자리에는 훌륭한 와인도 많고 듣는 시늉이라도 하는 다른 친구도 몇 명 있었기에, 내 주의는 딴 곳으로 흘러가기 시작했다. 나는 갑자기 열두 살로 돌아갔고 지금은 자정이다. 다른 가족들은 전부 잠들고 나는 집 뒤편 내 방에 있다. 낡아 빠진 전등 불빛이 희미하게 밝혀진 책상 앞에 앉은 채 주사위 야구 게임을 하고 있다.

이 게임을 하려면 주사위 두 개와 연필, 자와 공책이 필요하다. 내가 발명한 게임이다. 나는 그때도 지금도 야구광이 아니기 때문에 어쩌다, 왜 그것을 만들었는지 기억이 나지 않는다.

어쨌거나 나는 그 게임을 발명하고 몇 년 동안 하루에 한두 번씩 꼭 했다. 주로 모두가 잠든 밤이었지만, 비 내리고 쌀쌀한 날에는 어둑한 오후 내내 게임을 즐기기도 했다. 자를 대고 표를 그려 아홉 이닝을 구분하고, 양편 출전 선수의 타순을 정하고, 공책 뒷면을 보며 누가 던질 차례인지 확인한다. 차를 한 모금 마시고 나서 게임을 시작한다. 까딱 잘못하면 형제 한두 명을 깨울 수 있으므로 주사위가 낡은 나무 책상에 달그락거리며 부딪히지 않도록 공책 위에 굴려야 하지만, 주사위를 일부러 공책의 두 페이지 사이로 던져 결과에 영향을 주어서는 안 된다는 엄연한 규칙도 있다. 리그의 최고 책임자인 내가 만든 규칙인데, 스스로에게 부과한 규칙을 어기는 것은 옳지 않다. 어릴 적에 깨달았지만 자꾸만 잊게 되는 교훈이었다.

내가 스트라이크, 볼, 3루타, 타수, 도루, 홈런, 폭투, 볼넷, 그밖에 야구의 흥미롭고 복잡한 신비를 어떻게 규정했는지, 나머지 세부적인 경기 규칙은 어떻게 정리했는지는 기억나지 않는다. 경기를 진행하면서 상황을 꾸며 내어 중얼중얼 해설을 덧붙였던 생각이 난다. 이를테면 투 아웃 만루에 왼손잡이 타자가 풀 카운트[*]인 상황을 가정한다. 경기장의 모든 관중은 흥분하여 공이 날아가는 쪽으로 몸을 기울이고, 주사위는 그가 아웃이라고 단호하게 선언한다. 그냥 뻔한 아웃은 아니다. 그는 투구를 완벽하게 예상했고, 놀라운 시력으로 투수의 손에서 스핀을 읽었고, 온 힘을 다해 배트에 공을 정통으로 맞혀 끝내 주는 직선타를 쳤다. 대기석의 선수들과 심판들은 물론이고 경기장의 모든 관중은 배트 한가운데 정확하게 맞는 공을 보았다. 1점, 어쩌면 2점, 중견수가 실수를 한다면 3점까지도 가능했다. 아직도 타석 쪽으로 팔로 스루[**]를 하고 있던 우완 투수는 공이 다른 쪽 어깨 너머로 날아오르자 그것을 잡으려고 놀랍도록 재빨리 몸을 비틀지만 결국 놓치고 만다. 선수들이 일제히 뛰어들지만 눈치 빠른 2루수는 커브 사인과, 투구를 준비하던 포수가 타자에게서 슬금슬금 멀어지는 모습을 보고 오른쪽으로 몸을 기울이고 있다가 전력을 다해 뛰어들어 놀라운 포구를 선보인다. 두 눈으로 직접 보기 전에는 인간이 그런 게임을 할 수 있다는 사실이 도저히 **믿기지** 않는다. 공

---

[*] 볼 카운트가 투 스트라이크 쓰리 볼인 상황을 가리킨다. — 옮긴이 주
[**] 공을 던지고 나서 친 방향으로 팔을 뻗는 마무리 동작. — 옮긴이 주

1장 천사는 어디에나 있는 듯하다

을 안정적으로 잡았지만 그 일부는 낡아 빠진 검정 글러브 밖으로 살짝 튀어나와 있는 멋진 아이스크림콘 캐치였다. 그는 공을 의기양양하게 쳐들고 심판에게 보여 준다. 역사적인 포구를 목격한 심판이 감격한 표정으로 판정을 내리자 경기장은 열광의 도가니에 빠진다. 2루수는 슬며시 웃으며 선수 대기석 쪽으로 성큼성큼 걸어가지만, 같은 팀 동료들은 그를 놀리려고 일부러 무시하는 시늉을 하다가, 잠시 후 모두가 그의 등을 두드리고 머리를 헝클어뜨리고 그와 세리머니를 나눈다. 다음 장면은 슐리츠 맥주 광고로 이어진다.

가끔 내가 이러다 작가가 된 것이 아닌가 하는 생각이 든다.

진짜 아저씨 코예요?

작가로서 내가 받은 최고의 질문을 꼽는다면(우리 아이들이 내게 던진 온갖 엉뚱한 질문들을 한 방에 무찌른 질문이었다. 아이들은 대개 무례하고 저속하기 이를 데 없는 표현을 써서 질문을 퍼붓는다. 그리고 사랑스러운 내 아내가 내민 당황스런 질문들, 우리 집 개가 귀를 이용하여 내게 묻는 질문들마저 압도할 질문이었다. 다만 개가 하는 질문들은 "내가 이 고양이를 먹어도 돼?", "이건 사람들이 눈살을 찌푸릴 행동인가?"처럼 직설적이다)?

최고의 질문: "그거 진짜 아저씨 코예요?" 유치원에서 어떤 여자아이가 내게 물었다. 작가로서 그곳에 초대된 날이었다. **아이들이 1년 내내 내 소설 낭독을 들었기 때문이었다!** 이야기 시간에 날마다 30분씩! 정말 놀랍고 감동적인 일 아닌가? 나는

1장 천사는 어디에나 있는 듯하다

대답했다. 맞아, 진짜 내 코야. 그런데 그건 왜 묻니? 아이가 대꾸했다. **엄청 크고,** 코 안에 구부러지고 솟아오른 부분이 있어서요. 나는 자비로운 하느님이 이 거칠고 멋진 인생에 많은 형제들을 주셨기 때문이라고 설명했다. 이렇게 말하면 내 코가 무슨 일을 겪었는지 짐작될 터였다.

2등 질문: "작가님의 어떤 작품에도 호주의 급진 레즈비언 단체가 언급되지 않은 이유는 뭡니까?" 맨 앞줄에 앉아 예리하고 강렬한 눈빛으로 나를 쏘아보던 호주 여성이 물었다. 내 작품에는 말레이곰이나 하키 선수도 등장하지 않는다는 냉소적인 농담으로 받아칠까 잠시 고민하다가 갑자기 정신이 번쩍 들면서 그녀가 겪어 온 고통의 기미, 사랑하는 사람들의 성별 때문에 사회의 조소를 감내하면서 상처받아야 했을 그녀의 인생이 어렴풋이나마 느껴졌다. 사랑하는 사람의 성별이 뭐가 중요할까? 사랑하고 사랑받는 것이 중요한 것 아닐까? 우리가 종교와 공동체를 이야기할 때 늘 하는 말이 바로 그것인데. 나는 그녀의 질문에 대답하지 않았다. 난감하고 안타까웠다. 해줄 말이 없어서 아무 말도 하지 않았더니, 그 순간 누군가 나의 명랑발랄 좌충우돌 뱀처럼 강처럼 구불구불하고 휘뚤휘뚤한 문체에 대해 질문하면서 대화는 딴 방향으로 흘러갔다. 하지만 나는 지금도 그 여성을 생각하며 그녀가 인생에서 평화를 찾기를 희망한다. 분노는 우리를 지치게 하니까.

다음 순위는 최근에 컴컴한 강당 뒤편에서 한 여고생이 던진 질문이다. 내게는 그 모습이 보이지 않고 어둠 속에서 쏙독새처럼 문득 날아온 목소리만 들렸을 뿐이다. "이 강당에 있는 아이들 대부분이 작가님 말씀에 전혀 귀 기울이지 않는다는 사실을 작가님도 알고 우리도 아는데, 민망하지는 않으신가요?" 이 질문에는 멋지게 대답할 수 있었다. 답변을 미리 준비해 둔 질문이었기에. 누가 묻지 않을까 오랫동안 기대했던 질문이었기에. 첫째, 내겐 아이가 셋인데 셋 다 10대라서 나는 말을 꺼냈다가 씹히는 상황이 아주 익숙하고 편안하다. 둘째, 나도 한때 10대였는데 솔직히 너희 같은 10대 열 명을 모아 놔도 못 따라올 만큼 삐딱하고 버릇없고 건방지고 얄미웠기 때문에 너희들 심정을 잘 안다. 셋째, 너희 기분을 상하게 할 생각은 없지만 나는 너희가 가면을 벗고 내 말을 들을 배짱이 있는지 없는지에는 관심 없다. 쿨한 척 하고 싶다면 마음대로 해라. 다른 사람들의 기쁨과 고통과 용기를 탐구하는 것보다 하루 종일 자기가 뭔가 대단한 일을 하고 다니는 것처럼 굴고 싶다면, 잘해 봐라. 나는 그러기 싫으니까. 나는 가면 뒤에서 나오기까지 엄청나게 오래 걸렸다. 20대가 훌쩍 지나서야 겨우 나올 수 있었다. 너희도 나처럼 어리석게 굴고 싶다면, 그렇게 해라. 너희가 낭비하는 건 너희 인생이니까. 딱하게도. 이 연단에서 내가 지껄이는 허튼소리에 귀를 기울이면 너희는 생각할 거리를 소소하게 한두 가지는 건질 것이다. 살짝 감동할 수도 있고, 조금 킥킥거릴 수도 있고, 나중에 혼자 소심하게 꺼내어 놓고 곰곰이 묵상할 수도 있다. 아니면 말고. 장담은 못한다. 나야 뭐 이야기에 환장하는 어리석은 늙다리일 뿐이니까. 왜냐하면 이야기는 중요하거든. 만약에 너희가 중요한 이야기를 붙들지도 나누지도 않는다면, 너희 인생에는 거짓말과 잔꾀밖에 안 남을 걸. 그건 창피한 일이잖아. 어쨌든 그건 너희 인생이지만. 내가 아빠와 남편이 되어 깨달은 한 가지는 아무도 내 말을 듣지 않지만 들어서도 안 된다는 거다. 너희는 진정한 자아의 목소리에 귀 기울여야 한다. 너희가 자아에 조금 더 가까이 다가가는 데 도움이 될 이야기를 내가 들려줄 수도 있지만, 너희가 워낙 쿨한 애들이라 그런 이야기는 도저히 들을 수 없다면, 잘해 보시길. 결국 너희 스스로 가면을 벗을 수도 있고, 살다 보면 가면이 싹 벗겨질 수도 있다고 말해 주고 싶지만 그것은 너희가 스스로 깨달아야 할 교훈이다. 너희가 빨리 제정신을 차려 사람들에게는 실제로 무모한 품위와 저항하는 용기가 있고, 이야기는 실제로 인생을 구원하고 변화시키며, 세상에는 실제로 형언할 수 없이 많은 일이 일어나고 있고, 사랑과 배려와 창조성은 실제로 존재하고 내재한다는 것을 빨리 이해할수록 너희는 그토록 소중하고 신비한 인생을 살면서, 더욱 멋지고 거칠게 삶을 즐길 수 있을 거다. 인생은 쏜살같이 지나가거든. 정말이다. 이 정도면 네 질문에 대한 대답이 되겠니?

네, 작가님, 여학생이 대답했다. 네, 잘 알겠어요.

번트

고교 신입생 시절, 야구 연습을 시작한지 너댓새쯤 지난 어느 날이었다. 선수 선발을 하루 앞두고 있었고, 팀은 시즌을 준비하던 시기였는데 어떤 까닭인지 코치가 번트 연습을 지시했다. 우리는 번트 연습을 위해 하나 둘 타석으로 모였다. 번트는 **중요하며** 무릇 남자라면 타석에서 번트하는 법을 알아야 하니까. 드래그 번트*를 내고, 필요하다면 3루나 1루를 향해 번트를 대야 한다. 깎아 치는 번트도 배워야 한다. 날아오는 공을 일부러 내려쳐 차분한 지면에 때려 박으면, 공은 훅 튀어 오르

---

* 타자가 진루할 목적으로 파울 라인을 따라 공이 굴러가게 하는 번트. ─ 옮긴이 주

고 돌진하던 투수는 머리 위로 치솟는 공을 속절없이 바라보는 수밖에 없다. 다들 내 말에 집중하고 있나?

팀에 들어갈 것이 확실하고, 고등학교 내내 번트를 요구받지 않을 녀석들조차도 번트 연습을 해야 했다. 번트는 야구의 흑마술 중 하나로, 희생 플라이가 그렇듯 실력 있는 타자라고 다 잘하는 것이 아니었다. 희한하게도 형편없는 타자일수록 번트는 잘하는 듯이 보이기 때문에, 제대로 칠 수나 있을지 의심스러운 깡마른 내야수들이 최고의 번트를 쳤고, 2루타 정도는 꾸준히 치고 간혹 홈런도 치는 뛰어난 근육질 선수들은 번트를 별로 치지 못했는데, 그 이유는 모호하다. 작고 마른 사람들이 이 유독 불가사의한 기술을 구사할 때 배트를 더 잘 쓰는 이유는 미스터리지만 그것은 엄연한 사실이다. 번트에 엄청난 조롱과 야유가 따르는 이유도 그렇게 설명할 수 있는 듯하다.

선수들이 번트 연습을 하러 본루에 들어가는 순서는 그들의 야구 실력이 얼마나 되는지, 팀에 들어갈 가능성이 얼마나 높은지를 보여 주는 척도였기에 내 뒤에 줄을 선 선수는 몇 명 되지 않았다. 예상대로 나의 번트는 형편없었다. 공을 두려워한 탓이었다. 공은 내 눈에 거의 보이지 않는 사납고 불쾌한 돌멩

이와 같아서 맞으면 끔찍하게 아팠다. 나는 이미 여러 번 공에 맞은 적이 있었다. 힘껏 던진 공에 맞기도 하고 땅볼에 맞기도 했다. 한 번은 굴욕스럽게도 플라이 볼에 맞았기 때문에 나는 잔뜩 경계하고 있었고 그런 태도는 번트를 치는 데 도움이 되지 않았지만 쳤다 해도 틀림없이 변변찮았을 것이다. 그래도 나는 살아남았고, 내 차례가 끝나자 프레드가 타석에 섰다.

프레드는 괴짜였다. 프레드는 흐느적거리고 어설펐으며 머리 모양이 특이했다. 프레드는 심지어 야구화가 아닌 흔한 운동화를 신었고 한 번은 외야에서 너무 우스꽝스럽게 미끄러져 넘어져서 코치마저 정신없이 웃게 만들었다. 프레드는 팀에 들어가지 못할 터였다. 그 애는 자신이 팀에 들지 못할 것임을 알고 있었다. 모두가 알았다. 다른 선수들이 그 애를 괴롭힌 것은 아니지만 아무도 그 애를 구태여 아는 체하지 않았다는 것을. 그런 점에서는 나도 다른 아이들보다 전혀 나을 것이 없었다. 나도 프레드를 무시했다. 그 애가 인사를 하려고 내게 내민 손을 무시했던 기억이 어렴풋이 떠올랐다. 부끄러운 기억이라서 어렴풋한 모양이었다.

설명할 수도, 상상할 수도, 이해할 수도 없는 일이지만 프레드는 번트를 할 줄 알았다. 각 선수에게 날아온 공은 10개씩이었는데 프레드는 침착하게 서서, 배트를 두 손으로 바르게 쥐고 두 발은 투수 쪽을 정확히 향한 채 멋진 번트를 하나하나 쳐냈다. 3루와 1루 라인으로 각각 두 번씩 천천히 떨어뜨렸다. 두 번은 너무 세게 쳐서 달려오는 투수의 머리 2m 위로 튀었다. 두 번은 아무도 제시간에 도달할 수 없는 타석 1m쯤 앞에 정확히 떨어졌다. 한 번은 매우 능숙한 백스핀을 구사하는 바람에, 공이 당황한 유격수가 간절히 내민 손을 벗어나 타석 쪽으로 튀었다. 그리고 마침내 완벽한 드래그 번트가 나오자 프레드가 괴짜라는 것을 모르는 학부모 한 명이 기쁨의 함성을 질렀다.

여기까지도 충분히 놀라웠다. 하지만 당신에게 들려주고 싶은 일은 그 3, 4초 후에 일어났다. 아무도 한마디 말이 없었다. 아무도 꼼짝하지 않았다. 1루를 지나 파울 지역으로 들어갔다가 선수 대기석으로 돌아온 프레드 외에는. 프레드가 베이스를 밟고 선수 대기석 쪽으로 몸을 돌린 순간은 고요 그 자체였다. 아무도 말을 하지 않고 근육조차 움직이지 않던 바로 그 몇 초. 바로 그 순간이었다.

여덟 가지 터무니없는
거짓말

하나도 안 아플 거예요. 아니, 사실은 엄청 아플걸. 너무 아파서 시카고 컵스 팬처럼 엉엉 울게 될 거다. 마치 누군가 당신의 치아에 쏜 화살이 아랫도리를 관통해 무릎 밖으로 튀어나오는 듯한 아픔이랄까. 그러니 이런 소리를 하는 치과 의사나 치위생사는 알 샤프턴Al Sharpton 목사*와 함께 벽장에 집어넣어 하루 종일 반성하게 해야 한다.

이것은 평화 유지 활동입니다. 아니, 그렇지 않다. 키만 클 뿐 아직 어린아이들이 얼굴에 총을 맞고 사타구니에 총을 맞고 다리와 얼굴을 잃게 될 활동이다. 이 싸움을 벌인 양편 모두

---

* 미국 시민권 운동가, 침례교 목사, 정치인, 토크쇼 진행자. — 옮긴이 주

가장 총명하고 건장한 아이들을 골라 돈을 주는 대신 목숨을 버리게 만드는 것 말고는 문제를 해결할 지혜가 없기 때문에 생기는 일이다. 인신 공양이 지구상에서 사라졌다고? 천만에.

하느님께서는 우리 편이십니다. 아니, 하느님이 여성이든 남성이든 우리 편은 아니다. 가늠할 수 없이 위대하다고 누구나 인정하는 존재에게 인간의 성별을 부여하는 것은 참으로 어리석은 짓이다. 누구라도 하느님을 소유했다거나 하느님과 친하다고 주장하는 것은 말할 것도 없고, 조금이라고 안다고 주장하는 자는 지독하게 미련하고 무모하다. 마크 트웨인Mark Twain은 이렇게 말한다. "하느님, 우리의 포탄으로 저들의 군인들을 갈가리 찢으소서. 저들의 생기발랄한 들판을 죽은 애국자들의 무력한 형체로 뒤덮고, 우레 같은 총소리가 고통에 몸부림치는 부상자들의 비명 소리에 묻히게 하소서. 불의 폭풍을 일으켜 저들의 누추한 집을 폐허로 만들게 하소서. 저들의 무고한 창문에 하염없는 슬픔을 자아내게 하소서. 저들과 어린 자식들을 집 밖으로 내몰아, 누더기를 걸친 채 기아와 갈증에 허덕이며, 황량한 땅의 폐허 속을 의지할 곳 없이 헤매게 하소서……."

당신 때문이 아니야, 나 때문이지. 아니, 그녀가 당신을 사랑하지 않거나, 당신에 대한 사랑이 식었거나, 다른 이와 사랑에 빠진 것은 당신 탓으로 봐야 한다. 그렇다고 당신이 결점투성이의 형편없는 존재라는 뜻은 아니다, 전혀. 상대가 사랑하지 않거나 사랑하기를 그만둔 사람이 바로 당신이라는 뜻일 뿐. 그것만큼은 확실하다.

엄마의 몸속에 있는 아기는 사람이 아니다. 물론이다. 살아 있긴 살아 있지만. 무엇을 사람으로 칠 것인지를 두고 흥정하는 것은 누군가가 죽었다는 사실을 슬금슬금 회피하려고 만들어 낸 허튼소리다. 하지만 사람들은 다양한 이유로 늘 죽어 나간다. 우리는 감옥의 죄수들을 죽이고, 다른 나라의 군인과 민간인을 죽이고, 죽음에 이르게 하는 매혹적인 제품을 마구 팔아 댄다. 기껏 태어나서도 방치되어 죽고, 굶어 죽고, 맞아 죽는 아기는 차고 넘친다. 우리는 사람들이 죽는 데 꽤 익숙하지 않나? 그런데도 구태여 죽은 사람이 사람이 아니라는 듯이 굴 이유가 있을까?

석유 때문이 아니다. 절대 그렇지 않다. 석유가 대량으로 매장되지 않은 땅에서도 잔인하기 그지없는 독재자가 설쳐 대고

(독재자는 항상 남성인 이유가 뭘까?) 무기 얘기를 요란하게 떠들어 댄다고 해서 길고 잔혹한 전쟁이 시작될까? 아니라고? 우리가 삼대째 국민을 굶겨 죽이고 있는 북한의 독재자와 전쟁을 벌이고 있나? 아니라고? 우리가 언제 찰스 테일러Charles Taylor[*], 로버트 무가베Robert Mugabe^{**}와 전쟁을 했었나? 아니라고? 그렇다면 분명 전쟁이 일어나는 데는 어떤 패턴이 있다고 봐야 하지 않을까?

우리는 미국의 땅과 물을 지키는 관리인이며, 국가 유산을 보호하기 위해 최선을 다하고 있습니다. 석유 회사 엑손Exxon과 BP, 광업 회사들의 전면 광고도 비슷한 미사여구와 세련된 디자인으로 채워져 있다. 하지만 그것들이야말로 너무나 터무니없는 기막힌 거짓말이다. 사실 당신들은 **형편없는** 관리인이며, 법이 요구하는 최소한만 마지못해 지키는 시늉을 하고 있다. 할 수만 있다면 당신들은 주가를 올리기 위해 그 최소한마

---

* 1990년대 라이베리아 내전에서 반군을 일으켜 1997년에 대통령에 당선되었으나 정권을 잡은 후에도 잔혹하기로 유명한 시에라리온 반군에게 무기 등을 지원하다가 전범으로 국제형사재판소의 심판을 받고 구금되었다. — 옮긴이 주
** 짐바브웨가 건국된 1980년 이후로 2017년까지 30년 넘게 장기 통치한 독재자. — 옮긴이 주

저 기꺼이 회피할 것이다. 그 사실은 당신들도 알고 우리도 안다. 당신들이 정말로 관리인이 **맞다면** 애초에 다른 사업을 시작했을 것이다. 당연히 당신들은 법적 소송쯤은 대부분 우습게 피할 수 있다고 여긴다. 당신들은 날카로운 비명을 질러 대는 초목을 파괴할 수 있고, 이익을 최대로 남길 수 있다고 판단하는 순간 회사를 남에게 떠넘길 수도 있다. 다들 잘 알고 있다. 그것이 엄청나게 남는 장사라는 사실을. 더 엄격한 법이 통과될 리는 없다. 그랬다간 시장에 걸림돌이 될 테니. 끝내 당신들에게 유리하게 돌아갈 것이다. 어쨌거나 멋진 광고는 고맙다. 결국 깨끗한 물을 마지막으로 볼 수 있는 곳이 될지도 모르니까.

우리의 정책은 가족의 가치를 가장 중시합니다. 아니, 그럴리가. 그 말이 옳다면 오늘날 미국에 충분히 먹지 못하는 어린이가 1,500만 명에 이르는 이유가 뭘까? 의료 서비스를 받지 못하는 아이는 왜 800만이나 될까? 한 부모에, 살 집도 없고, 학교도 안 다니고, 날마다 강간과 구타를 당하는 아이들이 그토록 많은 이유는 뭘까? 만약 당신들의 정책이 정말로 가족의 가치를 가장 중시한다면, 이 도시와 주, 나라의 그늘진 구석에서 울고 있는 아이들이 없어질 때까지 쉴 새 없이 일해야 하는 것 아닌가? 그렇지 않나?

2장

사랑의 빛을
가득 머금은
존재들

사복음서

 마침내 나와 결혼할 여인이 사는 조그만 지하 아파트를 처음 방문한 날, 나는 여러모로 깊은 인상을 받았다. 덩치가 크고 별로 우호적이지 않던 그녀의 개는 당연히도 내게서 경계를 풀지 않았다. 그 집에는 뛰어난 요리사이자 예술가에게 꼭 필요한 물건 이외는 가구나 집기가 일체 없었다. 침대 위에는 조그만 책꽂이가 삐딱하게 걸려 있어서, 그녀는 누운 채로 한 손을 뻗어, 활자를 가득 품은 친구를 끌어내린 다음, 그 속을 거닐고 헤아릴 수 있었다.

 작가인 나는 곧장 책꽂이 앞으로 다가갔다. 고맙게도 책꽂이가 부루퉁한 표정으로 나를 감시하는 개에게서 떨어져 있어서이기도 했다. 나는 그녀의 책들을 살펴보았다. 훗날에는 그녀가 무슨 책이든 가리지 않고 맹렬하게 읽어 대는 독서광이라는 사실을 알게 되지만, 당시에는 책이 딱 네 권밖에 없었다. 나중에 그녀는 일을 하고 학교를 다니느라 일상이 너무 빡빡해서 밤에 책 읽을 시간이 좀처럼 나지 않는다고 설명했다. 이 네 권의 책은 아마도 일종의 부적, 시금석, 나침반, 북극성, 오랜 친구, 꼭 필요하고 유익한 동반자였는지도 모른다.

아직 기억에 선명하다. 그 책들은 금방이라도 부서질 듯한 선반 위에서 서로에게 위태롭게 기대 서 있었다(아파트 전체가 금방 부서질 것 같아서, 나는 작은 헛발질이나 재채기 한 번으로도 테이블과 선반을 파괴할 수 있는 통제 불능의 거인이 된 기분이었다). 그녀가 그 책 네 권을 지금까지도 소장하고 있다는 소식을 나는 흐뭇한 마음으로 전한다. 다만 이제 그 네 권은 다른 수많은 책들에 둘러싸여 있다. 결혼한 지 30년 가까이 되다 보니 우리의 장서는 진작에 합쳐지고 뒤섞였다. 이제 엘런 길크리스트Ellen Gilchrist가 버나드 드보토Bernard DeVoto와 맞닥뜨렸고, 피터 매티슨Peter Matthiessen은 로리 콜윈Laurie Colwin과 어깨를 나란히 했고, 애니 딜라드Annie Dillard는 알베르토 자코메티Alberto Giacometti와

뺨을 맞대고 있다. 그밖에도 여러 쌍의 흥미로운 커플이 생겼다. 조지프 콘래드Joseph Conrad가 엘리노어 립먼Elinor Lipman에게 속삭일 때까지, 고요하기만 한 밤에 책꽂이에서 어떤 흥미로운 대화가 오가는지 궁금해진다.

윌라 캐더Willa Cather의 빼어난 《종달새의 노래Song of the Lark》와 하퍼 리Harper Lee의 완벽한 《앵무새 죽이기》, 태평양 북서부를 배경으로 한 데이비드 제임스 던컨David James Duncan의 위대하고 엉뚱한 성장 소설 《강은 왜The River Why》, 그리고 무엇보다 훌륭한, 조이스 캐리Joyce Cary의 아름답고 재미있고 장대한, 예측불허의 기상천외한 소설 《말의 입The Horse's Mouth》이었다. 그게 전부였다. 그 네 권이. 세 권은 얄따랗고 한 권은 캐리가 부린 단어의 마법 때문에 두툼하다. 지금 나는 책장을 보고 지난 세월을 되짚으며 그 네 권의 책이 나와 결혼한 여자를 요약하고 특징짓고 설명하고 표현한 것이 아닐까 생각해 본다.

북서부의 고전에는 굽이치는 강과 울창한 가문비나무 숲, 웃음과 사랑과 혼란과 깨달음과 비가 가득하다. 그것들이 바로 내 아내의 물건, 장소, 향기다. 한 미국 여성이 성장하여 뛰어난 예술가가 된다는 이야기가 있었다. 그녀가 자신의 삶을 스스로 주도할 수 있으며, 연인이나 남편에게 의존하지 않아야 하며, 아무리 달가워도 가족의 속박에 얽매이지 않을 수 있다는 것을 깨닫는다는 이야기가 있었다. 그것이 바로 그녀가 평생 동안 쌓아 온 일과 이야기다. 쾌활하고 용감한 미국 소녀와 다정하고 건실한 아버지의 이야기도 있다. 아버지는 자신의 존재 자체로 고결함과 우아함을 가르친다. 그것은 그녀의 이야기이자 그녀 아버지의 이야기다. 내가 무엇보다 사랑하는 소설도 있다. 유머와 투쟁과 가시 돋친 우아함과 색과 형태와 그림과 캔버스에 대한 갈망으로 충만하며 온 우주와 그 안에 담긴 모든 것을 노래하고 찬양하는 소설이다. 그것이 곧 내가 숱하게 보아 온 그녀의 삶과 일과 이야기다.

그녀가 나 같은 구혼자들에게 전하는 메시지로 그 네 권의 책을 선택한 것은 아니라고 확신한다. 그 책들이 소유자를 정확하고 유창하게 드러내 줄 거라고 생각해 당장이라도 부서질 듯한 책꽂이에 사중주단처럼 모아 놓은 것도 아니라고 확신한다. 하지만 이제 보니 그 책들은 그런 역할을 멋지게 해냈다. 오래 전, 바다 건너편에서 그 책들을 가져온 그녀에 대해 분명하고 예리하게 설명해 준다. 지친 그녀가 누운 채로 한 손을 머리 뒤로 뻗어 친구 하나를 끌어내리면 그 친구는 그녀에게 품격과 용기, 교양과 유머, 사랑과 상상력, 비와 애정, 그 밖의 많은 것을 들려주었다. 그 자체로 장점이 많은 훌륭한 책들이지만, 나에게, 그리고 내 사랑하는 아내에게는 말로 표현하기 어려운 다른 이유로 언제까지나 멋진 책들로 남으리라 믿는다.

지하실의
낡은 타자기

 어느 학생에게 어떻게 작가가 되었냐는 질문을 또 한 번 받고서, 이번에는 아버지의 낡은 타자기가 지하실에서 만들어 내던 스타카토 가득한 음악 때문이라고 대답했다. 아버지가 신나게 타자를 치기 시작하면 정말 노래처럼 들렸기 때문이다. 잠시 후에는 오로지 타자기의 떨림이나 움직임만으로 아버지가 서평을 쓰는지 편지를 쓰는지 구분할 수 있었기 때문이다. 타자기 소리가 경쾌하고 사무적이고 효율적이며 능숙하고 진실하게 들렸기 때문이다. 한 줄을 끝까지 다 치면 종이 울리고, 아버지가 종이를 캐리지 안팎으로 조절하는 소리가 들리고, 아버지가 조심스럽게 먹지를 용지에 맞추는 모습을 상상할 수 있었기 때문이다. 아버지는 두 손가락만으로 열 손가락으로 치는 그 누구보다 빨리 타자를 쳤다. 기자다운 확고한 자신감을 담아 두 검지로 지식을 두드려 입력했다. 뭉툭하고 야무진 손가락들은 아버지가 무엇을 말하고 싶은지 완벽히 아는 듯, 하루 종일 침착하고 민첩하게 맡은 임무를 수행했다.

아버지의 타자기를 구성하는 수십 개의 정교한 금속 부품이 각각 스풀이며 둥글개며 리본 같은 멋진 이름을 갖고 있었기 때문이다. 아버지는 크고 낡은 그 타자기를 전기 타자기가 나타나 책상을 뒤흔든 이후에도 계속 사용했기 때문이다. 자판을 자세히 들여다보면 어느 알파벳을 유난히 많이 썼는지 알 수 있었기 때문이다. 타자기는 **곧** 아버지였고 아버지는 우리의 영웅이나 다름없었고 우리는 아버지를 사랑했고 우리는 아버지처럼 되고 싶어서 타자치는 법을 배웠기 때문이다. 아버지의 타자기로 소설 쓰는 꿈을 꾸었지만 **실현**하지는 못했기 때문이다. 아버지의 타자기를 쓴다는 것은 하느님의 차를 운전하는 것과 같다. 하느님이 소유한 포드 토러스를 망가뜨리는 죄까지 용서받는 심판의 날이 오지 않는 한 무언가를 부수고 후회힐끼 봐 무서하게 된다.

아버지의 타자기가 책상 한가운데 당당히 자리 잡고 있기 때문이다. 책상 위에는 책, 잡지, 사전, 차곡차곡 쌓인 종이, 서류철, 오려 낸 신문 기사, 자, 지우개, 연필, 펜, 고무풀, 매 발톱보다 날카로운 커터 칼이 하나도 아닌 둘이나 놓여 있다. 아버지의 책상 위에는 사전과 교리 문답서와 설명서와 그 밖의 온갖 책이 빼곡한 책꽂이가 있고, 그 중 많은 책에는 특정 페이지를 표시하거나 묵직하고 힘차고 산뜻하고 재치 있는 문장을 강조하는 책갈피와 종잇조각이 잔뜩 끼워져 있다.

아버지가 아래층에 있는 책상으로 내려가면 나는 위층의 어느 방에든, 심지어 다락방까지 들어갈 수 있었기 때문이다. 타자를 치기 시작할 때 아버지의 손가락은 주저하듯 첫 글자를 두드린 다음 본격적으로 속도를 내어 달각거리고 흥청거리며 달음박질한다. 정말로 본궤도에 오르면 한 페이지가 끝나고 다른 페이지가 시작되기까지의 틈이 말도 안 되게 짧아진다. 직접 눈으로 보지 않는 한 아버지가 종이 한 장을 획 꺼내고 다른 한 장을 획 끼웠다는 것이 도저히 **믿기지** 않을 만큼 짧은 시간이라 우리는 가끔 서재 문틈을 몰래 들여다보곤 했다. 타자를 치는 아버지의 생각을 방해할 수 있으므로 어떤 아이에게도 허락되지 않는 행동이다. 그야말로 가족을 먹여 살리기 위해 하는 일이니 아버지가 서재에 있을 때면 어떤 상황에서도 방해를 해서는 안 된다. 형제가 피를 펑펑 쏟으며 위층으로 올라와 어쩌다 피를 철철 흘리게 됐는지 내게 알린다 해도 마찬가지다. 만약 그 형제가 나나 누나를 찾을 수 없다면, 나나 누나가 목욕 수건이 **아닌** 손 닦는 수건으로 지혈을 해 주지 않는다면, 필요할 경우 옆집을 찾아가 이웃들에게 도움을 청해야 한다. 다 쓴 수건은 찬물에 담가야 한다.

아버지는 어릴 때부터 타자를 쳤고, 참전 군인으로 저 멀리 열대 지방으로 떠나 우리 어머니에게 연애편지를 쓸 때도 전부 정성껏 타이핑했고, 직접 쓴 시도 꼼꼼히 타이핑하여 보냈기 때문이다. 30대에도 동트기 전에 일어나 타자기로 소설을 쓰려고 여러 번 시도했다는 말을 나는 아버지에게서 들은 적이 있기 때문이다. 하지만 집에는 어린 자식이 여럿이었고 시내에 있는 언론사에 출근하려면 이른 시간에 기차를 타야 했기에 아버지에게는 글을 쓰고 다듬을 여력이 없었다. 타자기 위에 엎드려 잠이 들고 얼마 후에 깜짝 놀라며 잠을 깨는 생활을 반복하다가 끝내 소설을 완성하지 못했다.

하지만 나는 지금껏 소설을 쓰고 있다. 내가 소설을 쓰는 것은 아버지와 낡은 타자기, 지하실에서 들리던 아버지의 경쾌하고 숙련된 타자 소리 덕분이라는 생각을 자주 하게 된다. 아버지는 여전히 우리의 영웅이고 우리는 아버지를 사랑하고 그 어느 때보다 아버지처럼 되고 싶기 때문이다. 어쩌면 내 소설들은 아버지가 쓰기 시작했지만 끝내지 못한 소설일 수도 있기 때문이다. 나는 아버지를 대신해 소설을 마무리한다. 화들짝 잠을 깬 아버지는 낡은 타자기를 보고 애잔한 미소를 짓다가 위층으로 살금살금 올라가 아이들을 깨운다. 그런 아버지를 떠올리며 이 글의 마지막 몇 단어를 검지로 두드리는 나는 턱수염 위로 눈물을 주르르 흘린다.

여기에 먹을 것이 좀 있느냐?

그리스도는 비쩍 마른 사람치고 맛있는 먹거리에 관심이 많았던 모양이다. 빵이며 포도주며 기름이며 곡식이며 씨앗이며 포도밭 이야기를 그치지 않았고 약 400L의 물을 훌륭한 포도주로 바꾸는가 하면, 물고기 두 마리(정어리로 추정된다)와 보리빵 다섯 개를 오천 명이 먹고도 열두 광주리나 남을 만큼 푸짐한 음식으로 바꾸었고, 갈릴래아 호숫가에서 생선(베드로가 잡은 틸라피아로 추정된다)과 빵을 굽기도 했다. 죽어서 지옥 밑바닥까지 갔다가 아버지의 말씀으로 다시 살아난 후에도, 성경을 설명하며 엠마오까지 걸어가 어느 집 방에 모인 열한 명의 제자들 앞에 불쑥 나타났을 때도, 음식 생각이 간절했는지 맨 먼저

이 말을 꺼냈다. 여기에 먹을 것이 좀 있느냐?

그러자 제자들은 그에게 생선 구이를 건넸고, 예수는 그것을 받아들고 제자들 앞에서 먹었다. 그럴 만도 한 것이, 사흘이나 굶었으니 꽤나 허기가 졌을 것이다. 예수가 생선과 꿀을 먹은 것이 육체가 실제로 부활했음을 가리키는 상징이라고 여러 학자들은 주장했지만, 우리는 그가 빵을 뜯고 물과 포도주를 나누어 먹는 것을 최초의 성찬식으로 이해해야 한다. 나는 우리가 망각하거나 무시해서는 안 될 식사 관련 일화들이 얼마간은 있는 그대로의 사실이라는 다소 도발적인 주장을 하고 싶다. 그런 장면이 모든 복음서 곳곳에 흩어져 있는 것은 상징적 이유가 아니라, 실제로 **일어난 일**이고 예수가 실제로 **한 말**이기 때문이라고 생각한다. 알고 보면 그는 서른을 갓 넘긴 남자, 친구, 형제, 청년이었다. 발도 잘 안 씻고, 가끔씩 성질을 부리고(성전에서 불끈했던 사건을 떠올려 보라) 때로는 무례한 소리를 하고(카나에서 자기 어머니에게 '여인이시여, 저에게 무엇을 바라십니까?'라고 말한 적도 있다. 자기 어머니한테 그런 말투를 쓰다니 가당키나 한 일인가?), 거의 항상 배를 곯고, 빵을 떼는 것을 좋아했다.

그가 단지 이야기, 전설, 우화, 멀고 희미한 기억 속의 영웅,

우리가 횡설수설 기도를 하는 대상이라면, 그는 아무것도 아닙니다. 그가 단지 영웅, 슈퍼스타, 우월한 존재라면, 그는 아무것도 아닙니다. 그리스도교의 설명할 수 없는 탁월함은 불가해, 불합리, 불가능에 있다. 아람어와 히브리어를 구사하는, 까무잡잡한 피부에 체격은 왜소하고 잘하는 것은 목공 일과 토라에 대한 학문적 분석이 전부이며, 퉁명스럽고 현학적으로 말하는 깡마른 아랍계 유대인. **이** 알 수 없고 이해하기 어렵고 눈에 띄지 않는 친구가 꿈꾸고 말씀하신 것을 그대로 이루시는 그분의 현현이라니? 특별한 아이, 선택받은 존재, 세상을 공허 속에서 소용돌이치게 한 사랑의 정수가 생선 구이와 벌집을 입에 쑤셔 넣던 키 작은 유대인이라고?

그렇다. 어진 왕도, 현명한 귀족도, 용맹한 전사도, 탁월한 상인도, 걸출한 영웅도 아니었고 끝내주는 근육도, 남녀를 가리지 않고 홀딱 반하게 하는 아름다운 얼굴도 없었다. 그저 건달들에게 얻어맞고, 거리에서 침 세례를 받고, 군사들에 끌려가 취조당하다가 종내 사형장으로 향해야 했던 거무스름한 남자에 불과했다. 사슬과 절망에 묶인 채 터덜터덜 걸어 도착한 곳에서, 칼끝에 쓰러져 간 수많은 사람과 다름없이 목숨을 잃어야 했다. 그는 꼭 우리처럼 평범한 남자, 대단치 않은 사람이었다.

그는 우리의 괴팍한 형제, 까칠한 삼촌, 골칫거리 사촌이었다. 우리의 삐딱한 아들, 서먹한 이웃, 제멋대로인 동급생이었다. 잘 어울리지 못하고, 분위기 파악에 서툴고, 순응이 힘든 사람일 뿐이었다. 우리는 그 사실을 잊는다. 그가 우리와 다름없다는 것을 잊는다. 그가 꼭 우리처럼 가끔씩 뾰족하고 불퉁하게 굴었다는 것을 잊는다. 그가 딱 우리처럼 밤에 두려워서 흐느꼈다는 것을 잊는다. 그가 사무치게 외로워 엉엉 울었다는 것을 잊는다. 우리 모두가 방구석에서, 헛간에서, 성전 뒤편에서, 술집 한편에서 눈물을 흘렸듯이.

제자들과 함께 고기를 먹을 때에 그는 빵을 들고 찬미를 드린 다음 그것을 떼어 나누어 주었다. 그제야 제자들의 눈이 뜨여 그를 알아보았다.

제자들은 빵을 떼는 모습을 보고 그를 알아보았다! 그리고 문득 그의 손과 얼굴과 그의 씁쓸하고 날카로운 눈빛을 알아보았다. 구운 생선 한 토막과 벌집을 건네받은 그는 제자들이 보는 앞에서 먹기 시작했다. 그 마지막 순간에 그와 함께 식사를 하면서 제자들은 입 안의 빵이 달면서도 쓰다고 느꼈으리라. 그들은 놀라고 지치고 두려웠고, 다들 속으로 예수가 곧 영원히 떠날 것임을 알았을 테니까. 사랑과 기쁨이 가득한, 그 상상조차 어려운 나라에서, 아버지의 오른편에 있는 그를 다시 만날 때까지. 그는 제자들을 베타니아까지 데려가, 두 손을 들어 강복하였다. 그렇게 복을 내리면서 예수는 그들을 떠나 하늘로 올라갔다. 하지만 짐작건대, 몇 시간 후 일몰 직후에, 그 열한 명의 남자는 여자 몇 명과 함께 다시 식탁 앞에 앉았다. 모두들 기쁘면서도 아픈 마음으로 빵을 떼며 그를 기억했다. 오늘날까지도 우리는 아침과 점심과 저녁때마다 그 일을 반복하고 있다. 그때마다 그대들은 영리하고 지저분하고 유난스러웠던, 상처 입은 그 남자를 기억하라. 우리는 도저히 존재할 법하지 않은 그의 존재로 구원받을 것이니. 온전한 인간이지만 사랑의 빛을 가득 머금은 우리는.

새에서
새로

 나 어릴 적에 할머니는 겨우 몇 달 사이에 여위고 시들어 마침내 한 마리 새만큼 작아졌다. 뼈만 앙상해진 채 눈을 부라렸다. 하루는 매였다가 빛이 어떻게 바뀌느냐에 따라 갈매기가 되었다 왜가리가 되기도 했다. 지난번처럼 갈매기를 만나겠거니 기대하며 할머니를 찾아가면 침대에는 언짢아 보이는 물수리가 앉아 있었다. 어머니에게 그 말을 했지만 대답이 없었다.
 어머니는 매일 할머니를 찾아갔다. 날마다 다른 아이를 데려갔다. 갈 시간이 되면 어머니는 우리 중 한 명을 그저 바라보았고 그러면 우리는 징징대며 차에 올랐다. 할머니의 침대에서 새들은 이따금 가냘픈 소리를 냈다. 이따금 할머니는 소리

없이 울었다. 누군가의 소리 없는 울음은 요란한 침묵이다.

할머니는 오랫동안 우리와 함께 살았다. 할머니는 독수리처럼 웅크리고 앉아 근엄하고 험악한 표정으로 생각에 잠겨 있었다. 때로 나를 보는 할머니의 안경이 번득였다. 새는 사람보다 훨씬 멀리까지 볼 수 있다. 할머니는 벽과 구석 너머까지 꿰뚫어 볼 수 있었다. 내가 뭘 하기도 전에 뭘 하는지 알았다. 요양원에 있는 할머니의 방에 들어가 어머니가 가만히 말을 걸면 베개를 벤 매가 눈을 번쩍 떴다. 할머니가 마음대로 변신할 수 있다는 것을 간호사들도 알고 있는지 나는 궁금했다. 어느 순간부터 할머니는 변화를 통제할 수 없는지 하루 종일 이불 밑에서 이런 새 저런 새로 모습을 바꾸었다. 그러자 온갖 새들이 소란을 피웠다. 간호사들은 틀림없이 그 사실을 알았겠지만 새를 사랑해서인지 아무에게도 그 말을 하지 않았다. 어머니가 나직이 말을 붙여도 할머니가 아예 눈을 뜨지 않으면 어머니는 그냥 침대 모퉁이에 걸터앉아 생각에 잠겼고 나는 새들이 쓰는 침대를 지켜보았다.

할머니는 어떤 새가 되는 것을 가장 좋아했을까? 만약 당신이 아무 새나 될 수 있다면, 당신은 온갖 새가 될 것인가 아니면 한 가지 새로 살 것인가? 새의 몸에 갇히면 자신이 사람이었다는 것을 잊게 될까? 당신이 되고 싶은 새가 당신을 거부할 수 있을까? 노인에게는 할 수 없는 질문도 있다. 그들은 웃음을 터뜨리거나 눈살을 찌푸리거나 조언을 해 준다. 당신은 그저 질문을 얌전히 손에 쥐고 그들이 마음 내키는 대로 답을 주든 안 주든 기다려야 한다. 새들에게 이래라 저래라 할 수는 없는 법이니까. 많은 질문의 답은 새다. 한 번은 어머니가 침대에 누워 있는 할머니에게 차분히 말을 건넸더니 올빼미가 눈을 떴다. 올빼미는 매혹적이고 유혹적이고 고혹적이고 당당하고 무시무시하다고 표현해야 할 날카로운 노란 눈을 갖고 있다. 노랑은 위험한 색이다. 노란색은 경고를 의미한다. 조심하라는 뜻, 문제가 닥칠지 모르니 정신 바짝 차리라는 뜻이다. 할머니는 머잖아 돌아가셨다. 여자가 시들어 왜가리가 되다니 있을 수 없는 일이라고 생각하는 사람도 있겠지만 그건 모르는 일 아닌가? 할머니가 돌아가셨을 때 간호사들은 수건으로 왜가리를 조심스럽고 숙연하게 집어 들고 입으로 기도를 중얼거리며 밖으로 데려나가 미국풍나무 밑에 묻었을 것이다. 새들은 풍나무 씨앗을 좋아한다.

사람들이 할머니라고 생각했던 것은 할머니의 아주 작은 일부에 불과할지도 모른다. 분명 우리는 우리가 아는 것보다 더 많은 것으로 이루어져 있다. 우리의 일부는 참매가 될 수도 있고, 아무도 모르는 언어가 될 수도 있고, 어느 겨울에 거북이가 얼음 밑에서 꾸었던 꿈이 될 수도 있다. 그럴 수도 있다.

우리는 할머니의 경야에 참석했다. 우리 가족은 원래 그렇게 하기 때문이다. 하지만 장례식에는 가지 않았다. 우리 가족은 원래 그렇게 하고 아무도 푸른 왜가리가 담긴 얇고 얕은 관을 보고 싶어 하지 않았기 때문이다. 세월이 흘러 차를 타고 할머니가 눈을 감은 요양원을 지나갈 때면 나는 차를 세우고 왜가리의 뼈가 잘 있는지 풍나무 밑을 푹푹 찔러본다. 그리고 다시 차를 몰고 떠난다. 나는 대답보다 질문을 좋아하기 때문이다. 새는 공기가 질문에 대답하는 방법이다. 새는 말해 줄 사람을 찾는 언어다. 새는 깨어 있어야만 꿀 수 있는 꿈이다.

고무줄 바지

 어젯밤에 어쩌다 나는 기저귀, 빨대 컵, 유축기, 그 밖의 다른 아기용품이 빽빽하게 채워진 슈퍼마켓 통로를 어슬렁거렸다. 그 물건들을 대충 훑어보다가 알록달록한 고무줄 바지가 잔뜩 쌓인 선반에 이르자 나는 걸음을 멈추고 그것들을 한참 바라보았다. 기쁨과 흥미와 추억에 휩싸인 채 무수한 제품들을 행복하게 응시했다. 지나가던 아이 아빠가 웃음을 터뜨릴 정도로. 우리는 대화를 나누지 않아도 어린 자녀에게 고무줄 바지를 입히고 벗기느라 씨름하는 동지임을 눈치챘다. 둘 다 이런 규칙들도 정해 두었을 것이다. 고무줄 바지를 머리에 뒤집어써서는 **안 되며,** 흐느적거리는 헬멧처럼 둘이서 머리에 쓴 채 빗자루를 들고 결투를 해서도 **안 된다.** 동생이 어니[*] 바지가 아닌 버트 바지를 탐낸다고 해서 그 애가 어니 바지를 입을 차례인데도 25센트를 받고 버트 고무줄 바지와 바꿔 주어서도 **안 된다.** 아빠는 **짜증 나는 사람이고 사는 것도 짜증 난다며** 아이는 상급 법원에 달려가 호소하지만, 상급 법원은 어머니의 권위를 발휘해 만약 3초 안에 버트 바지를 입지 않으면 엘모[**] 바지를 입는 형벌에 처할 것이라고 단호하게 판결한다. 어엿한 남자가 엘모 고무줄 바지를 입은 모습을 보일 수는 없는 노릇이다.

그런 적이 여러 번 있다. 다른 누구도 **아닌** 어느 사랑하는 얼굴들이 입을 고무줄 바지를 찾으러 이 판매대 앞으로 다가온 적이 여러 번 있다. 그리고 언젠가 푹푹 찌는 미시시피의 들판에서 노새들이 끙끙대며 등에 지고 날랐을 거대한 목화 더미만큼 커다란 고무줄 바지 자루를 하나가 아닌 둘이나 들고 계산대 아가씨 앞으로 비틀대며 걸어간 적이 있다. 상당한 값을 치르고 옷 뭉치를 집으로 가져가 아이들에게 어떤 용도로

---

[*] 어린이 TV 프로그램 〈세서미 스트리트Sesame Street〉에 등장하는 인간 인형. 버트와는 한집에 사는 친구 사이다. — 옮긴이 주
[**] 〈세서미 스트리트〉에 등장하는 괴물 인형. — 옮긴이 주

든 맘껏 사용할 수 있는 특권을 준다. 원래 만들어진 목적대로 사용될 때도 있지만 고무줄 바지는 단단히 꼬인 든든한 밧줄이 되어 한 아이가 침대 배를 조종하는 사이 양탄자의 바다에서 허우적대는 다른 아이를 구하고, 개와 장렬하게 싸우다가 형체를 알아보기 힘들 만큼 갈가리 찢어져 결국 진공청소기마저 질식시켜 죽이기도 한다. 또 고무줄 바지는 농구공, 미식축구공, 축구공을 장식하고, 아빠의 어린 시절에 대한 예리한 질문의 소재가 된다. 이를테면, 옛날 옛적 불이 발견되기 전에도 사람들은 고무줄 바지를 **입었나요?** 같은 질문.

나는 기저귀 판매대 앞에 서서 그런 기억을 떠올리며 껄껄 웃었다. 그러면서 우리 문화의 기묘함과 경이로움에 천 번째로 감탄했다. 고무줄 바지에 인형들의 유쾌한 얼굴을 담는다는 멋진 아이디어는 대체 누가 떠올렸을까? 한편으로 나는 큰 슬픔을 느꼈다. 내 아이들은 고무줄 바지를 입을 나이가 한참 지났으니 나는 다시는 어니 바지를 둘러싼 애절한 호소를 진지하게 가늠하거나, 버즈 라이트이어 바지와 우디 바지의 상대적인 장점을 따질 필요가 없을 것이다. 우디 바지가 패배한 것이 **아니란다.** 우디는 멋진 남자고, 보안관이고, 근사한 **모자**

를 쓰고 있지. 맞아, 버즈가 날 수 있다는 거 아빠도 **알아**. 그냥 자기가 날 수 있다고 생각하는 건지도 모르지. 아무튼 날 수 있는 녀석이 그려진 바지가 **날 줄 모르는** 녀석이 그려진 바지보다 훨씬 멋지다고? 좋은 지적이야. 하지만 너는 어제 버즈 바지를 입었잖아. 그래서 오늘은 **네**가 우디를 입고 형이 버즈를 입어야 한다고 아빠가 확실히 정해 주는 거야. **아빠**한테 짜증 난다는 말을 쓰면 못쓴단다. 다른 질문이 있다고? 그래, 숟가락으로 병에 든 땅콩버터를 떠먹는 건 괜찮아. 아니, 개털을 미는 건 안 돼. 그리고, 아니, 아빠는 고무줄 바지를 입지 않았어. 아빠 어릴 때는 고무줄 바지가 아직 발명되지 않았거든. 우리 때는 삼나무 섬유와 할머니가 부드러워질 때까지 꼭꼭 씹은 사슴 가죽으로 기저귀를 만들었단다. 할아버지는 고무줄 바지를 입었냐고? **참 좋은** 질문이다. 전화해서 물어보자. 할아버지가 수달 삼키는 소리를 들려주실 거야. 그렇게 멋진 소리 들어 본 적 있니?

어느 슈퍼마켓의 죽음

우리 동네에 오래 전부터 있던 슈퍼마켓 세 곳 중 한 곳이 천천히 문을 닫는 중이다. 기업 간 힘겨루기의 희생양이 된 그 슈퍼마켓의 사망은 한 달 전에 공지되었고, 한 주 한 주가 지나면서 할인 폭은 늘어나고 진열대는 비어 갔다. 생선 판매대는 휑뎅그렁하고 컴컴해졌고, 그곳을 지키던 키 크고 뚱한 남자는 서쪽으로 마을 두 곳을 지나야 갈 수 있는 다른 가게로 자리를 옮겼다. 육류 판매대는 썰렁하고 깜깜해졌고 그곳을 운영하던 귀여운 얼굴의 쾌활한 아가씨는 대학교 매점을 인수해 새로 장사를 시작할 예정이다. 와인 코너에 있던 고급 와인은 모두 사라지고 남은 것은 급할 때 요리에나 쓸 수 있을 와인뿐이다. 계산대를 지키는 남녀는 짐짓 쾌활하게 손님을 맞는다. 가게가 쓸쓸하고 초라해 보인다는 이야기를 들으면 그들은 미소를 지으며 **야구 시즌이 다가왔다**는 둥 딴소리를 한다. 그제야 당신은 그들이 가게의 폐업 이야기, 이 가게가 반경 1㎞ 내의 모든 주민이 모이는 집합소였다는 이야기, 가게가 한밤중까지 열려 있어서 거리에 경찰과 술꾼 외에는 아무도 없는 늦은 밤에도 우유며 기저귀며 기침약을 사러 들를 수 있었다는 이야기를 지겹도록 들었음을 깨닫는다.

나온 지 하루 지난 빵을 반값에 살 수 있는 할인 코너도 비어 있다. 가끔씩 내 아들들을 데려와서 한 가지씩 고르게 했던, 눈이 휘둥그레질 만큼 풍성하고 다채롭던 치즈 진열대는 한때 통조림 코너와 신선식품 사이 공간을 전부 차지하고 있었지만 지금은 그렇지 않다. 신선식품 코너에도 이제는 사과, 오렌지, 감자, 순무 같은 단단한 식재료뿐이다. 쿠키류는 이가 부러지기 싫은 사람은 절대 먹지 않을, 딱딱한 프로스팅을 입힌 것들만 남아 있다. 초대형 냉장고 크기의 DVD 대여함은 가게 주인이 이미 치워 버렸다. 장작이 담겨 있던 철통은 텅 비어 있다. 저기서 꺼낸 장작을 우리 아이들은 차 트렁크로 나르곤 했다.

재활용 창고는 황량하다. 어슬렁어슬렁 지나가는 당신을 애처롭게 부르던 꽃들은 플라스틱 양동이에서 싹 사라졌다. 알약과 크림, 연고, 치료제, 물약 등이 진열된 선반에 이제 치약과 로션, 다양한 비타민은 보이지 않는다. 냉동식품 통로는 아직 꽉 찬 것 같지만, 자세히 들여다보면 대학 교육이라도 받았는지 몸값이 터무니없이 비싼 새우 전병만 남아 있고, 소박한 냉동 채소는 모두 자취를 감췄다.

원래부터 이곳이 아주 깔끔한 가게는 아니었다. 시든 채소, 유통 기한을 살짝 넘긴 제품을 몇 번 본 적이 있고, 뭔가 쏟아져서 생긴 듯한 9번 통로의 얼룩은 몇 주씩이나 제거되지 않고 남아 있었다. 재활용 창고는 언제나 맥주와 담배 냄새를 풍겼고, 주차장에는 기름띠가 번들거렸고, 판매 중인 신문은 거의 항상 하루 지난, 그러니까 요새 기준으로 한 세기나 지난 것들이었다.

하지만 가게는 한결같이 우리 곁에 있었고, 그곳 고객들은 내 이웃들이었으며, 그곳 직원들은 어떤 상황에서도 유능하고 노련하고 친절했다. 눈보라가 몰아쳐도 가게는 문을 닫지 않았다. 거센 폭풍을 피해 몸을 옹송그리고 숨을 헐떡이며 들어

온 사람들을 기꺼이 맞아 주었다. 이 슈퍼마켓은 야구팀과 축구팀을 후하게 후원했고, 지역 푸드 뱅크에 통조림을 기부했으며, 걸 스카우트가 해마다 쿠키 가판대를 출입문 옆에 설치하도록 허락했다. 이 가게는 내 이웃을 여럿 고용하고 주민들을 먹여 살렸다. 계산원들은 주민 천 명의 이름을 기억했고 융통성을 발휘해 도움이 필요한 사람들의 사정을 봐주었다. 나는 하루 종일 거리를 배회하던 이웃이 이 가게에 들어와, 커피 코너로 향하더니, 컵에다 직접 커피를 따라 마신 다음, 돈을 내지 않고 나가는 모습을 여러 번 보았다. 하지만 아무도 그를 욕하거나 손가락질하거나 신고하지 않았다. 그가 가난하고 온순하고 정신이 오락가락하는 사람임을 알았기 때문이다. 수많은 세월을 쓸쓸히 방황하던 그 남자가 여기저기서 커피 한 잔을 마신들 누가 못마땅해 할까?

가게는 다음 주에 끝내 문을 닫고, 건물은 한동안 공실이 되고, 얼마 후에는 새 세입자가 들어와 풍선을 띄우고 무료 쿠폰을 발행할 것이다. 아니면 건물은 전문 철거업체에 의해 안전하게 해체되고, 다른 구조물이 지어질 것이다. 하지만 앞으로도 오랫동안 나와 이웃들은 이 거칠고 푸른 세상 속의 그 지점을 가리키며 **저곳에 그 가게가 있었다**고 이야기할 것이다. 그런 대화가 끝나면 그 가게가 번창하여 활기차고 북적대고 부산하던 시절을 잠시 회상할 것이다. 아보카도가 원 플러스 원이고, 싱싱한 도미를 할인가에 팔던 시절을. 그래, 얘들아, 너희가 들고 가겠다면 수박을 사 줄 수 있지. 장작 값은 아빠가 이미 계산했단다. 차에 실어 줘서 고맙다, 얘들아. 그래, 오늘은 각자 치즈를 하나씩 골라도 좋아. 일단 눈을 감고 내 손을 잡으렴, 준비됐니?

내 탓이오

나는 동성애자들을 조롱했다. 진짜로. 그들의 짧은 머리와 춤추는 듯한 걸음걸이와 화려한 몸단장을 야유했다. 자신들의 권리에 발끈하는 태도에 조소했다. 그랬다. 디스코를 발명했다고 비방했다. 그들의 깃털, 반짝이, 향수, 제복처럼 입고 다니는 몸에 꽉 끼는 의상을 멸시했다. 퀴어 프라이드 퍼레이드의 거창함을 보고 실소했다. 스톤월에서 경찰과 난투극을 벌인 게이들을 비방했다. 그래 봤자 싸우는 시늉이나 하다가 말았을 거라고 은근히 깎아내리면서.

그러다 나는 그런 얼빠진 짓을 그만두기 시작했다. 내 정신을 번쩍 들게 한 것은 사랑하는 이들이 시들어 가는 모습을 보며 진심 어린 눈물을 흘리는 사람들의 모습이었으리라. 나는 비웃음을 멈췄다. 그들처럼 울기 시작했다. 추모 퀼트를 처음 보았을 때 나는 눈물지었다. 그 퀼트는 내가 지금껏 본 퀼트 중 가장 크다. 93,000㎡에 가까운 크기다. 도저히 잊을 수 없는 그것은 아름답고 끔찍하고 예쁘고 화사하고 섬뜩하다. 조각 하나하나는 젊어서 죽은 사람을 의미한다. 조각 하나하나에는 눈물이 담겨 있다. 실이 아니라 눈물로 이어 붙인 퀼트다. 나는 관심을 갖기 시작했다. 귀를 기울이기 시작했다. 더 이상 비아냥대고 빈정거리지 않았다. 그저 동성애자라는 이유로 감내해야 했을 주먹질이 들리기 시작했다. 피부색, 종교, 민족, 국적, 언어 때문에 그런 대우를 받는 것과 무엇이 다를까? 다르지 않다. 나는 듣기 시작했다. 귀에 거슬리는 소리와 터무니없는 요구와 자기도취와 성급한 신경질도 들었지만 정직과 사랑과 감각과 논리와 이성도 들었다.

모든 남성이 평등하게 태어났다면서 왜 우리는 그렇게 행동하지 않는가? 모든 여성이 평등하게 태어났다면서 왜 우리는 그렇게 행동하지 않는가? 누군가 다른 사람을 사랑한다면 그들이 어떤 성별이나 지향이나 정체성을 선택하든 내가 무슨 상관인가? 그들이 서로 헌신적으로 사랑하며 평생 함께하겠다는데, 내가 무슨 상관인가? 동성애자들이 서로를 사랑하는 것이 정확히 무슨 나쁜 결과를 가져온다는 말인가? **더** 헌신적인 사랑? 그게 나쁜 건가? 부모 없는 아이가 그 어느 때보다 많은 상황에서 커플이 아이들을 보살피겠다는데 뭐가 문제인가? 정확히 어떻게 나쁘다는 건가? 엄마 한 명보다는 두 명이 낫지 않나? 부모의 성별이 뭐가 중요한가? 사랑이 성별보다 중요하지 않나? 어떤 사람들, 생각보다 훨씬 많은 사람이 잘못된 몸으로 태어났다고 느끼고, 몸을 바꾼 다음에는, 기뻐하고 편안해 하고 새로운 몸에 만족한다는데, 내가 무슨 상관인가?

내게도 30년을 남자로 살다가, 성을 바꾸어, 50년간 여자로 살고 있는 친구가 있는데, 나는 살면서 그녀만큼 똑똑하고, 너그럽고, 재치 있고, 온화하고, 현명하고, 자상하고, 박식하고, 긍정적인 사람을 만난 적이 없다. 자기 인생을 자기가 결정하겠다는데 못마땅할 게 뭐 있나? 내가 무슨 상관인가? **우리가** 무슨 상관인가? 그녀의 결정에 무슨 정치적 의미가 있나? 어떤 냉정하고 잔인하고 오만한 종교가 그녀의 결정을 죄라고 선언하나? 종교는 사랑과 자비를 핵심 덕목으로 내세우지 않나? 나는 더 이상 흉보고, 업신여기고, 놀리고, 손가락질하고, 짧은 머리와 몸에 꽉 끼는 옷과 귀걸이를 웃음거리로 삼지 않는다. 나는 어리석었다. 내 자신이 형편없는 웃음거리였다. 자비와 사랑과 배려와 겸손과 관용이라는 단어를 입에 올렸으나 그것들은 내 입에서 공허하게 시들었다. 더 이상은 그렇게 하지 않겠다.

나는 게이가 아니다. 나는 양성애자가 아니다. 나는 레즈비언이 아니다. 나는 트랜스젠더가 아니다. 나는 의문을 품지 않는다. 내 신체와 성별과 정체성에 대해 대체로 기쁘고 즐겁고 편안하게 느끼며 깊이 만족하고 있다. 성가신 척추 통증을 제외하면. 하지만 나는 더 이상 내 체형과 성별과 정체성이 다른 유형을 비웃을 권리를 준다고는 생각지 않는다. 연갈색 피부가 내게 적갈색이나 청동색이나 황동색이나 회갈색이나 흑단색의 사람들을 비웃을 권리를 주었다고는 생각지 않는다. 남성이라는 것이 여성들을 무시할 권리를 주었다고는 생각지 않는다. 동성애자가 아닌 것이 동성애자들을 비웃을 수 있는 권리를 주었다고 생각지 않는다. 그런 생각을 하기까지 너무 오래 걸렸음을 이 글의 마지막 줄을 빌려 반성하고자 한다. 지금껏 살면서 어리석은 짓을 숱하게 저질렀지만 이것이야말로 가장 어리석고, 모질고, 나쁜 짓 가운데 하나였다. 내 탓이오. 내 탓이오. 내 큰 탓이옵니다. 이제는 그만.

태평양 연안 북서부에서
낚시하는 법

 누군가에게 물고기 한 마리를 주면 하루 먹을거리를 주는 것이라는 격언의 출처는 재밌게도 마이모니데스다. 잠을 깼다가 침대 옆자리에서 유혹하듯 속살거리는 낚싯대를 발견했다면 그는 낚싯대를 모른다고 했겠지만, 한 사람에게 낚시하는 법을 가르치면 영원히 그의 마음은 부화 일정과, 가짜 애벌레 미끼와, 복잡한 송어 루어 낚시를 위해 어린 매의 날개 끝 깃털을 섬세하게 사용하는 방법으로 쏠리게 된다. 또 그의 관심은 강바닥에서 서로 뒤얽힌 채 산란을 하기 위해 상류로 거슬러 올라가는 성숙한 연어의 대단한 성깔과, '산란 장소redd'라는 단어의 의미와, 물수리가 어디서 어떤 물고기를 잡아 올리는

지 유심히 관찰하는 방법과, 복잡하고 기하학적인 묘기를 부리듯 신비의 마술봉을 던지는 방법으로 향한다. 가장 시원하게 마시려면 맥주병을 개울에 얼마나 오래 담가 둬야 하는지와, 옻나무를 식별하는 방법과, 개울과 시내와 강 근처에서 허클베리를 찾을 수 있는 위치와, 어느 강에서는 어떤 색 실을 쓰는 것이 최선인지와, 빙어가 나는 시기와, 그것들을 그물로 잡는 방법과, 연어 무리를 급습한 제비갈매기와 가마우지를 어떻게 미워하고 싫어해야 하는지에도 흥미를 느끼게 된다. 바다사자를 당신이 낚시를 시작한 이곳 상류가 아니라 마땅히 있어야 할 강 어귀로 돌려보내기 위해 넓은 강에 일렬로 놓인 납작한 바위를 낚싯대로 후려쳐 녀석의 귀 바로 뒤를 때리는 방법과, 안개 낀 강 저편의 진흙 속에 꽂힌 가느다란 막대기인 줄 알았던 것이 갑자기 날개를 펴고 거대한 푸른 익룡처럼 강 위로 떠오를 때 놀라는 방법과, 비오리 사총사가 작고 열정적인 깃털 전투기마냥 강을 따라 휙 날아갈 때 싱긋 웃는 방법과, 강이 밍크를 첨벙 소리도 없이 받아들이는 것을 알아차리는 방법에도 심취하게 된다. 수달 발자국과 너구리 발자국과 사향쥐 발자국을 구분하는 방법과, 사슴과 퓨마와 곰이 물을 마시러 내려오는 위치와 구태여 그 장소를 가장 선호하는 이유와, 의문이 드는 순간에 낚싯대를 홱 잡아당기기보다 접촉이 형성되고 관계가 시작되어 의문이 확신이 되는 시점까지 진득이 기다리는 방법과, 접촉을 끊고 근사한 생물을 살며시 잡는 방법과, 생물이 미끼를 물고 평정을 되찾고 사라지기까지의 짧은 순간을 음미하는 방법은 가장 중요한 관심사가 된다. 그 순간은 당신이 산책로의 모퉁이를 돌자마자 발견한, 언덕 반대편에서 모퉁이를 돌던 보브캣이 놀라운 속도로 자취를 감추기까지의 시간만큼이나 짧다. 둘은 아주 잠깐 멍하니 서 있고, 다음 순간 보브캣은 진짜 증발한 듯이 수월하게 모습을 감춰 버린다. 이 축축한 산 속의 바위를 떠나 다른 차원으로 미끄러져 들어가더니 놀랍게도 슈퍼마켓 주차장에 다시 나타난다. 그날 오후 녀석의 방향 탐지기가 살짝 고장 난 듯이. 풍선과 계피 빵을 든 어린아이가 반짝이는 5센트를 주우려고 손을 뻗었다가, 오히려 보브캣의 깊이를 알 수 없는 호박 겨자 사프란 황금 청동 눈을 마주하게 된다. 아마도, 어쩌면, 혹시라도, 거의 확실히, 이렇게 주고받은 시선, 완전한 몰입의 순간은, 다른 식으로는 자극받을 수 없었을, 주변에 와글거리는 식물과 포유

류와 물고기와 곤충과 조류의 세계에 관심을 갖는 삶을 시작하게 할지도 모른다. 그러므로 결국 남자나, 여자나, 성별과 관계없이 아이에게 낚시를 가르치는 것은 매우 좋은 일이다. 물고기를 잡는 방법보다는 낚시를 통해 배울 것이 훨씬 많기 때문이다. 사실 물고기를 잡는 방법은 낚시에서 가장 재미없는 부분이며, 물고기가 아니라 아예 다른 것 때문에 낚시를 하러 가는 사람도 많다. 그래서 그들에게 오늘 낚시가 어땠냐고 물었을 때 그들이 물고기도 잡지 못했으면서 좋았다고 대답한다면, 당신은 그 말이 무슨 뜻인지 정확히 이해할 것이다. 당신도 같은 기분일 테니까.

더 이상 아이들을 차로
실어 나르지 않는 것에 대하여

지긋지긋했거나, 그랬다고 생각했다. 투덜거리고 구시렁대고 주절대고 끙끙대고 한숨을 쉬면서 아 맙소사 내가 **또** 누구누구를 어디어디로 태워다 주고 그 다음에는 **다른** 누구누구를 태우러 가야 한다고? 엄마한테 태워 달라고 하면 안 되겠니? 자전거를 타거나, 여기저기 굴러다니는 서핑 보드를 타거나, 하나 마나 한 소리지만, **걸어가면** 안 되냐고? 우주를 창조하신 분이 네게 튼튼한 다리를 주시지 않았니? 하루에 두 시간씩 농구를 하고, 다른 악동들과 온종일 달음박질을 하고, 으르렁거리는 개를 데리고 집과 마당을 뜀박질하는 남자아이가 어떻게 엎어지면 코 닿을 친구 집까지는 못 걸어간다는 거니? 하루에 축구를 한 경기가 아니라 두 경기씩 하는 여자아이가 어떻게 대문만 열면 보이는 친구 집까지 못 걸어간다는 거니? 가장을 푹신한 소파에서 끌어내는 대신, 너희의 타고난 이동 장치를 이용해 이동할 생각은 못 하는 거니?

하지만 나는 운전을 했고, 아이들의 엄마인 사랑하는 내 아내도 운전을 했다. 오랜 세월 날마다, 하루에 두 번, 하루에 세 번, 때로는 그보다 더 많이, 시내 곳곳에, 아이들을 내려 주고 태워 오고, 다른 아이들을 데려오고 데려다주다 보니, 우리는 우리가 사는 도시와 그 인근의 온갖 막다른 골목과 지름길과 거리와 대로와 도로와 차도와 인도와 샛길과 광장과, 가든이나 테라스나 코너 따위의 이름이 붙은 전원 개발 지역을 거의 외울 지경이 됐다. 거기다 나는 축구장과 농구장과 운동장으로 쓰이는 공터까지 빠짐없이 알고 있었다. 밤에 제한 속도를 15㎞ 초과하여 언덕을 내려오는 사람들을 기다리며 경찰이 진을 치고 있는 위치도 어디인지 알았다. 도로에 파인 부분이 어디인지, 그것이 얼마나 깊고 험한지, 언제부터 거기 있었는지, 무시무시하게 커지기 전에는 깊이가 어느 정도였는지도 알았다. 어느 패스트푸드점이 가장 최근에 개업했는지, 그중 몇 시간 전에 면허증을 따 놓고 자기 실력을 너무 자신하는 10대 운전자들을 경계하면서 조심스레 접근해야 하는 곳은 어디인지도 알았다. 밤에 너구리와 주머니쥐를 볼 수 있는 곳, 사슴을 볼 수 있는 곳, 아이를 데리러 가기 전에 몇 분간 조용히 앉아 있으면, 어둑한 안개 속을 힘차게 날며 들쥐를 사냥하는 올빼미를 볼 수 있는 풀밭이 어디인지도 알았다.

비록 요란하고 집요하고 독하게 불평했지만, 나는 아이들을 여기저기 태워다 주는 일에 수반되고 포함되는 많은 요소 중 한 가지를 빠트렸음을 문득 깨닫는다. 바로 내가 그 일을 그리워한다는 것이다. 아이들의 멀쑥한 키와 커다란 발과 쾌활한 재잘거림과 희미한 팝콘 냄새를 풍기며 나른한 듯 좌석에 푹 파묻히던 모습이 그립다. 아이들이 책가방을 트렁크에 집어넣고 가끔 차 실내에 자전거를 꾸역꾸역 싣던 때가 그립다. 아이들이 트렁크에 아무렇게나 던져 넣은 서핑 보드가 덜컹대던 소리가 그립다. 하다못해 얌전히 주눅이 든 채 나를 선생님이나 아저씨라 부르던 아이들의 친구들과, 간혹 친구가 많을 때 꼭 붙은 채 꽉 끼어서 타던 아이들과, 가끔 한 친구가 다른 친구 무릎에 앉은 채 깔깔대며 벨트를 이중으로 채우던 순간도 그립다. 비록 그것은 명백한 불법이지만 너희 부모님께는 비밀로 하기로 우리끼리 약속했잖아, 그렇지? 네, 선생님.

  이제 그 아이들은 다 떠나고, 나는 주로 혼자 차를 타고 다닌다. 어쩌다 아이들 엄마인 내 사랑하는 아내나, 개를 태울 뿐. 나는 혼자 있는 것이 즐겁고, 내 취향의 음악을 쩌렁쩌렁 틀어도 이제는 제발 그런 구닥다리 음악은 좀 꺼달라는 간절한 애원을 듣지 않아도 되지만, 고백하건대, 백미러를 흘끔 봤다가 뒷좌석에서 활짝 웃는 아이가 아무도 보이지 않으면 마음이 축 처질 때가 있다. 대개는 음악을 크게 키우고 가던 길을 갈 뿐이지만 때로는 아무 이유 없이 큰 소리로 외치곤 한다. **그래, 이번에는 어디로 모실까? 몇 시에 데리러 갈까? 너 혼자니, 아니면 다른 녀석들도 있니?**

경야

　할머니의 침대 옆에는 의자 두 개가 놓여 있다. 나는 창가 의자에 앉아야 한다. 그것은 아이들이 앉는 의자이고 나는 아이니까. 할머니는 침대에서 주무신다. 나는 경야를 하고 있다. 어머니는 할머니가 돌아가시는 거라고 하지만 내게는 주무시는 것처럼 보인다. 주무시는 할머니의 철제 안경이 보일 듯 말 듯 오르내린다. 할머니가 돌아가시면 어머니는 그 안경을 벗겨 안경이 필요하지만 한 번도 써 본 적이 없는 아프리카 아이에게 줄 거라고 한다. 안경이 생기면 아이의 세상이 바뀔 터이므로 그것은 선한 행동이 될 터였다. 당신이 선행을 세 번 베풀면 예수님께서 하시던 일을 멈추고 한없이 다정한 표정으로 당신을 돌아보신다. 한없이 다정한 표정이 여러 번이면 죄는 아예 저지른 적 없는 듯 모조리 타 없어지므로 루시퍼조차 당신이 죄를 지었음을 알지 못할 것이다. 루시퍼는 당신에게서 풍기는 죄악의 악취를 맡고 당신이 죄를 지었음을 안다. 그 악취는 피부나 옷이 아닌 영혼에서 나는 것이다. 이제는 옛날처럼 죄를 팔 수 없다. 그것은 잘못된 관습이었다. 그 일로 모교회母教會를 책망한 마르틴 루터가 옳았다. 우리가 잊고 있었지만 그는 가톨릭 사제였다. 그러니까 가톨릭 신자인 동시에 루터교도가 될 수도 있다는 뜻이지만, 그것은 당신이 마르틴 루터인 경우에만 가능하다. 할머니가 그렇게 말씀하셨고 할머니는 틀리는 법이 없었다. 굳건한 신앙을 모든 생각과 행동의 길잡이로 삼아 명확하게 이야기하셨기 때문이다. 할머니는 나쁜 생각이 죄라고 하신다. 어머니는 생각이란 모호한 영역이고 아이의 머릿속을 무서운 암시로 채우는 것에는 신중해야 한다고 말한다. 암시란 육체적이거나 물질적인 것에 대한 힌트나 암시를 뜻한다. 할머니는 이 침대에서 돌아가신 후에 더 이상 육체가 아니라 순수한 영혼이 될 것이고 우리는 할머니가 만물의 근원이신 주님께로 돌아가시기를 바란다. 오르락내리

락하는 할머니의 안경을 지켜보던 나는 갑자기 안경이 멈추는 순간 겁에 질렸지만 어머니를 부르기보다 돌아서서 창밖의 새들을 지켜본다. 홍관조 두 마리와 쇠부리딱따구리 한 마리가 보인다. 쇠부리딱따구리는 딱따구리의 일종이지만 나무를 쪼는 모습을 좀처럼 볼 수 없다.

경야는 할머니의 마지막 시간에 우리 각자가 한 시간씩 헌신하는 경건하고 순수한 행동이다. 우리는 가족이고 가족은 원래 그렇게 하는 법이다. 경야를 하기 싫어도 경야를 해야 한다. 아무리 징징대고 투덜대고 끙끙대고 불평하고 애원해도 소용없다. 별안간 꺽꺽거리는 숨소리가 들려서 돌아보니 할머니는 아직도 주무신다. 방에는 시계가 없다. 방에 시계가 있다면 혈육을 지키기보다 시계만 쳐다볼지도 모른다. 경야는 교회가 권하는 경건하고 순수한 행동이며, 인간이 태곳적부터 해 온 행동이 분명하다. 경야를 하는 것은 삶과 죽음을 가르는 문 앞에 증인으로 서는 것이다. 죽음이 임박했음을 인정하면서도 사랑하는 이의 거룩한 영혼을 지키는 것이다. 깊은 영적 명상의 시간이어야 하지 과거의 원한을 떠올리고 불행한 사건을 곱씹는 시간이어서는 안 된다. 화해와 회복, 죽어 가는 사람의 영혼이 만물의 근원이신 주님께 돌아가기를 조용히 기도하는 시간이다. 창밖에서 느닷없이 쇠부리딱따구리가 홍관조들을 덮치자 홍관조들은 흩어지고 딱따구리는 누이가 홍관조 먹으라고 뿌려 놓은 팝콘 알갱이를 남김없이 쪼아 먹기 시작한다. 누이가 집에서 달려 나와 소리를 지르고 팔을 휘휘 저으며 딱따구리를 쫓아냈다. 바로 그때 할머니가 다시 숨을 멈추셨고 나는 돌아보면 할머니가 달아나고 없을까 봐 두려웠고 할머니의 영혼이 홍관조가 되어 팝콘 알갱이를 실컷 먹을 것이라는 나쁜 생각이 내 머릿속에 들어왔다. 하지만 할머니는 다시 숨을 들이쉬시고 때마침 다음 차례인 동생이 교대하러 방으로 들어오자 나는 그곳을 나온다. 오늘날까지도 홍관조를 볼 때마다 할머니를 생각한다. 그런 생각은 바로 할머니의 불멸의 영혼이 마침내 주님의 손에서 평온하기를 바라는 기도라고 믿는다.

총알

할 이야기가 있다. 이라크에 파병된 미군 남자가 내게 들려준 이야기다. 그의 가장 친한 친구가 저격수의 총에 맞아 몸에 구멍이 뚫릴 뻔했다. 총알은 쇄골 바로 아래, 오른쪽 가슴 윗부분을 파고들어 어깨뼈 바로 밑으로 등을 뚫고 나올 뻔했다. 미국의 외과 의사들이 이 총알을 꺼내 보니 미주리주 레이크시티에서 제조된 5.56㎜ 탄환이었다. 레이크시티 탄약 공장은 레밍턴 무기 제조사(Remington Arms Company)가 1941년에 설립했다. 현재 오비탈 얼라이언트 테크 시스템즈(Orbital Alliant Techsystems)가 운영 중인 이 회사는 연평균 50억 달러의 매출을 올린다. 세계 최대의 무기 및 탄약 제조업체 100곳 중 절반이 미국 회사다. 오비탈은 그중 하나다. 오비탈은 해마다 15억 발의 탄약을 미군과 전 세계 각국의 군대에 판매한다. 그 탄약의 일부는 쥐도 새도 모르게 분실되거나 도난당하여 혁명가, 범죄자, 갱, 폭력단에게 흘러 들어간다. 그중에는 자칭 경제적 문화적 제국주의에 저항하는 자유 투사 또는 반군이라는 사람들도 있지만, 알고 보면 그들은 스스로 선택한 형태의 억압을 받고 함께하는 사람들에게 시시한 제국을 강요하기 위해 싸우는 것이다. 그들은 함께하는 사람들을 선전의 목적으로 서슴없이 살육한다.

다시 이야기로 돌아가 보자. 스물두 살의 미군 병사가 미국에서 생산된 총알, 미국에서 영리 목적으로 팔리는 총알, 전 세계 군대에 총알을 비롯한 무기를 팔아 연간 5억 달러를 버는 미국 회사가 만든 총알 때문에 몸에 구멍이 났다. 전 세계에 총알을 비롯한 무기를 팔아 매년 엄청난 이익을 내는 회사는 대부분 미국 회사다. 이들 회사의 대부분은 다른 미국인들이 많은 돈을 투자한 상장사들이다. 결국 미국 청년을 관통하다시피 한 총알, 그에게 엄청난 고통을 안긴 총알, 팔과 어깨에 영구적인 손상을 입힌 총알, 죽는 날까지 가슴에 새겨질 흉터를 남긴 총알은 미국에서, 미국 노동자들에 의해 생산되었고, 돈을 댄 미국 투자자들은 총알 판매로 엄청난 수익을 얻었고 그 총알은 결국 미국 청년의 몸에 동전 크기의 구멍을 뚫어 목적을 달성했다.

5.56㎜ 탄환은 '연조직'을 40~50㎝까지 뚫을 수 있다. 연조직이란, 이를테면, 청년을 의미한다. 총알은 '한쪽으로 기우는 경향'이 있다. 직선 경로에서 쉽게 휘어지고, 탄피 둘레의 홈 때문에 산산조각 나기 쉽다는 뜻이다. 총알 파편이 박히면 파편들은 뼈를 포함해 이동 경로에 있는 모든 것을 가르고 자르고 찢는다. 5.56㎜ 탄환은 강철에 1.3㎝ 가량 박히고, 방탄조끼를 바로 뚫으며, 체격과 체형과 연령과 국적과 성별과 종교와 성적 지향과 군인인지 민간인인지를 가리지 않고 인간을 곧장 관통한다.

자신의 글이 게시되면 댓글 창에 사납게 욕을 해 댈 사람들에게 글쓴이가 미리 험한 말을 하는 경우는 드물지만, 지금 이 자리에서 그렇게 해 보려 한다.

이 발광하여 날뛰는 미치광이들아, 이 일은 단순한 사고였고, 자본주의 체제의 어쩔 수 없는 일부라고 훈계하고, 나를 누런둥이 좌파 호모로 몰아붙이려는 당신들, 그냥 멍청한 건가, 아니면 미친 건가? 대체 뭐가 말이 된다는 건가? 여기서 이해관계가 얽혀 있지 않은 부분이 어디 있다는 말인가? 왜 미국이 세계 최대의 무기 거래국이 되어야 하나? 이런 상황이 얼마나 추악한지, 전 세계에서 일어나는 살인과 얼마나 밀접한 관계가 있는지, 미국에서 생산된 무기와 탄약 때문에 우리 아이들이 어떻게 고통받고 죽는지에 대해 우리는 왜 거짓말을 하고 있나? 이익 분배가 우리의 무기와 탄약 때문에 죽는 전 세계 수많은 사람의 목숨보다 중요한가? 그 모든 미국인 고용인들이 무기가 아닌 다른 제품을 설계하고 제조할 수는 없는 건가? 정말로? **당신**은 5.56㎜ 총알에 관통당하다시피 한 적이 있나? 없다고? 그런데도 어떻게 나한테 그렇게 **뻔뻔한** 소리를 할 수 있나, 이 건방진 자식아?

신념을 지킬
용기

 형이 징병 위원회에 출석하기로 되어 있던 날 아버지는 출근하지 않으셨다. 충격이었다. 아버지는 매일매일 일하러 가셨기 때문이다. 단 하루도 병가를 낸 적이 없다. 여름휴가도 좀처럼 가지 않는 분이었다. 아버지는 날마다 꼭두새벽에 일어나 토스트와 커피를 드시고 나서, 중절모를 쓰고 듬성듬성한 숲길을 지나 기차를 타러 가셨다. 하지만 오늘 아침에는 식탁 앞에서 커피를 마시고 계셨다. 놀라운 일이었다. 형제들 중 가장 어린 우리 셋이 학교 가기 전에 식탁에 앉아 아침 식사를 흡입하고 있을 때 아버지가 식탁 앞에 계셨던 적은 없었다. 하지만 오늘 아버지는 식탁 윗자리에 편안히 앉아 신문을 읽고 계셨다. 펼치면 왜가리만큼이나 큰 〈롱아일랜드 프레스*The Long Island Press*〉였다. 어린 세 형제 가운데는 가장 연장자인 내가 우리 셋을 대변해 아버지께 식탁에 앉아 계신 이유를 정중히 여쭈었다. 동생들은 잠자코 듣고 있었다. **네 형이랑 같이 징병 위원회에 갈 거야.** 왜가리 날개 뒤에서 아버지가 말씀하셨다. 우리는 징병 위원회가 무엇인지 몰랐다. **징병 위원회**라는 말을 할 때 어머니와 누나의 목소리는 침울하고 표정은 딱딱했다. 우리 형은 대학 때 1년간 해군에 복무했고 여름에 항공 모함에서 우리에게 엽서를 보낸 적도 있다. 형은 엽서에 열 단어 이상 쓴 적이 없다. 형은 말이 적고 짧고 신랄한, 무뚝뚝한 사람이었다. 누나 말마따나 형은 잡담을 할 줄 몰랐다. 우리도 잡담이 무엇인지 몰랐다. 미사 끝난 후 사람들이 성당 밖에서 수다를 떨 때처럼 별 의미 없는 대화를 뜻하나 보다 했다.

징병 위원회에 가려면 북쪽으로 두 마을을 지나가야 했다. 그곳은 제4번 지역 위원회였다. 우리 누나가 그 명칭을 발음할 때 엄중하고 예민하고 위험한 울림이 전해졌다. 그것은 누군가를 전쟁터로 보낼 수 있었고 전쟁은 누군가를 죽일 수 있었다. 우리는 TV와 날개를 펼친 왜가리에서 전쟁을 보았다. 우리 형은 해군을 그만두었다. 형은 사람들을 쏘는 것이 갈등을 해결하는 합리적인 방법이라고 여기지 않았다. 형이 양심적 병역 거부를 선언할 참이라고 어머니가 말씀하셨다. 우리는 그것이 무엇인지 몰랐다. 길 건너편에 사는 녀석은 우리 형이 비겁한 공산주의자가 되려는 거라고 했다. 나는 녀석의 눈에 주먹을 날렸다. 그 녀석의 아버지가 우리 집에 찾아와 현관에 서서 우리 아버지에게 호통을 쳤다. 절대 목소리를 높이는 법 없는 우리 아버지는 현관으로 다가가 차분하고 간결하게 대응하셨다. 다른 아버지는 시뻘개진 얼굴로 돌아갔고 우리 아버지는 오후 내내 울적하셨다. 한 번도 아니고 두 번씩이나 미국 군인으로 참전하신 우리 아버지에게 감히 해서는 안 되는 말이었다고 어머니는 말씀하셨다. 결국 우리는 학교에 가야 했다. 집에 남아서 형과 아버지가 제4번 지역 위원회로 떠나는 모습을 보고 싶은 마음이 굴뚝같았지만. 아니, 우리는 천천히 학교로 향하며, 갑자기 전쟁이 마수를 뻗어 우리 형을 집 밖으로 끌어내지는 않을까 걱정하며 뒤를 돌아보았다.

 그날 오후에 집에 돌아왔더니 어머니와 아버지와 형제자매 모두가 식탁에 앉아 있었다. 식사 때가 아니었기에 무슨 일이 있었느냐고 물었더니 아버지는 형의 굳건한 용기가 자랑스럽다고, 너무나 자랑스럽다고 하셨다. 형이 감옥에 갈 위험을 무릅쓰면서도 복음서의 말씀을 마음 깊이 새긴 것이 자랑스러우며, 우리도 형을 자랑스러워해야 한다고 하셨다. 우리 어린 형제 셋이 형처럼 정직하고 용감하게 자란다면 아버지와 어머니는 더없이 자랑스러울 거라고도 하셨다. 어머니는 눈물을 흘리셨다. 형은 말이 없었다. 나중에 누나에게 전해듣기로 제4번 지역 위원회는 제2차 세계 대전과 한국 전쟁 참전 용사가 다른 전쟁에 참전하는 것을 거부하겠다고 말하는 아들을 당당히 지지하는 모습에 감명을 받았다고 한다. 형은 폭력이 갈등 해소의 형편없는 수단이라고 믿었지만, 아버지의 아들인 형은 사랑하는 조국을 위해 기꺼이 대체 복무를 할 작정이었다. 누나에 따르면 형은 곧 먼 곳으로 떠나 교사가 되어야 했다. 어머니는 형이 이 집에 머무르는 동안 우리가 형에게 최대한 잘해 줘야 한다고 하셨다.

형은 퉁명스럽고 무뚝뚝하고 잡담도 할 줄 몰랐지만 우리는 형을 사랑했고 형은 우리의 영웅이었다. 이 모든 일이 있기 전부터 우리는 형 같은 사람이 되고 싶었지만 이 일이 있고 나서부터는 더더욱 형처럼 자라고 싶어졌다. 이제는 아버지도 형을 영웅이라 생각하시기 때문이었다. 형에게는 신념을 지킬 용기가 있기 때문이었다. 만약 당신에게 신념을 지킬 용기가 없다면 당신은 그저 빈 수레, 투명 인간, 속빈 강정, 바람만 잔뜩 든 영혼, 탁월풍에 이리저리 휩쓸리며 쨍그랑거리는 풍경, 아무 치수도 무게도 특징도 없는 존재일 뿐이다. 그렇게 되어서는 안 된다, 절대 그래서는 안 된다.

3장

저녁 무렵의

사소한

기억

우리 집의
모호크족

쌍둥이 아들이 어릴 때, 한 번은 그들의 엄마와 누나가 집을 비워, 며칠 동안 우리 셋이서 지내게 되었다. 우리는 쌍둥이의 머리를 아빠가 자르기로 결정했다. 아빠가 전문가 못지않게 잘해 낼 거라 자신했고, 집에서 직접 이발을 하면 아빠가 전문가에게 지불해야 할 5달러씩을 쌍둥이가 가질 수 있었기에, 돈이 탐난 아이들은 그 제안에 흔쾌히 동의했고, 아빠는 네 살짜리 머리를 자르는 것이 어려우면 얼마나 어렵겠나 싶어 자신만만했다.

우리는 의자와 가위를 챙겨 신나게 마당으로 나갔다.

이발은 생각보다 힘들었다. 풀밭이 불안정해 의자가 끄덕거렸고, 의자에 앉은 아이는 꿈틀거렸고, 다른 쌍둥이가 산만하게 뛰어다니자 아이는 더 꿈틀거렸고, 좀처럼 보기 힘든 다양한 개똥지빠귀를 비롯해 온갖 새들이 숲속에서 구경하러 내려왔다. 호기심 많은 다람쥐가 삼나무를 살금살금 내려오자, 개가 흥분했고, 아이는 더 꿈틀거렸고, 결국 나는 의자에 앉은 아이의 머리 반쪽에 심각한 실수를 저질렀다.

우리는 잠시 멈추고 사태를 파악했다.

재앙이 틀림없었다. 의자에 앉은 아이는 이제 잔뜩 멋을 부렸는데도 멋이 없는 80년대 밴드 멤버처럼 보였다. 반대쪽도 과감하게 수술하여 실수를 만회하는 수밖에 없었다. 하지만 그랬더니 아이의 앞머리와 뒷머리가 작은 서핑 보드를 꽂은 듯이 튀어나왔다. 나는 그것을 전부 잘라 내고, 무성하게 뻗친 머리를 고르느라 진땀을 빼야 했다. 이제 아이의 머리는 어떤 부분은 맹렬하게 자라고 다른 부분은 마지못해 자라는 풀밭처럼 기괴해 보였지만, 이때쯤 의자에 앉아 있는 아이는 인내심의 한계에 다다랐고, 다른 쌍둥이는 자기 차례를 기다리느라 좀이 쑤신 모양이었다. 그래서 둘은 자리를 바꾸었고, 유감스러운 상황은 다시 펼쳐졌다. 나는 과거를 꽤 또렷이 기억하고 있는데도 다음 아들의 정수리에 같은 잘못을 반복할 운명에 처해진 것만 같았다. 이번에도 아이가 순식간에 모호크 스타일을 했던 짧은 시기의 조 스트러머Joe Strummer*처럼 되자, 다른 쌍둥이는 배꼽을 잡고 웃다가 쓰러져 머리카락에 잔가지를 잔뜩 붙였다.

나는 아들을 모호크족으로 남겨 놓고 싶은 충동을 강하게 느꼈다. **아이**에게 그것이 잘 어울렸고, 모호크족이 이웃 아이들의 감탄을 사고 아이 누나의 짜증을 일으킬 것임을 알았고, 제대로 모호크족이 된 네 살짜리는 좀처럼 볼 수 없고, 오랜 세월 미국 동부를 주름잡은 위대한 이로쿼이 연맹의 곰 부족을 기리는 모호크란 **명칭**조차 멋지기 때문이다. 모호크족은 동쪽과 남쪽에서 쳐들어오는 침략자들로부터 동부를 지키는 수호자가 아니었던가. 더구나 아이의 쌍둥이 형제도 찬성했다. 위대한 모호크를 형제로 두면 **자기**까지 한꺼번에 멋진 사람이 될 수 있고, 엄마와 누나가 여행에서 돌아오기 전까지 우리에게는 아직 이틀이 남아 있었기 때문이다. 그래서 우리는 결국 합리적인 사람들답게 찬반 투표를 거쳐, 일요일 내내 모호크

---

* 펑크록 밴드 클래시Clash를 결성한 영국의 뮤지션. — 옮긴이 주

머리를 유지하다가 자러 가기 전에 자르기로 결정했다. 그날 밤에 우리는 현관에서 머리를 잘랐다. 약속대로 아이들에게 깔깔한 5달러 지폐를 한 장씩 쥐어 준 다음에.

   아이들에게 이야기를 들려준 다음 이불을 덮어 주자, **대체로 꽤 멋진 하루였어요,** 하고 모호크족 아닌 쌍둥이가 졸린 목소리로 말했다. **개똥지빠귀도 봤고, 집에 모호크족도 있었으니까요.** 오랜 세월이 지난 지금도, 그 마지막 한 마디가 더없이 사랑스럽다. 그 말 덕분에 언제나 행복할 수 있을 것 같다.

평화의
사람들

우리 딸이 어릴 때 나는 작은 사람들, 평화의 사람들, 숨은 사람들, 덤불의 사람들을 뜻하는 디나 시(daoine sídhe)가 보낸 듯 딸에게 쪽지를 남기고는 했다. 쪽지를 집 밖, 현관, 우리 집으로 올라오는 진입로, 노출된 바위 위에 놓아두고, 수액으로 나무줄기에 붙이고, 나무껍질 틈에 끼우고, 울타리에 접어 넣었다. 디나 시는 눈에 잘 띄지 않지만 덤불 속에 살고, 들판의 언덕과 동산에도 살며, 나무 사이를 돌아다니고, 거미줄과 얽힌 나뭇가지 틈에서 웃고 있다. 편지는 견과류의 껍데기와 깍지와 나뭇잎과 백호두나무 가지의 매끄러운 껍질에 적었다. 디나 시는 자신들이 멀쩡히 굳건히 은밀히 살아 있고 온갖 종류와 형태의 존재들이 하는 행동에 관심이 있음을 세상 사람들이 믿지 않는다는 것을 인정한다. 나는 적어도 이틀에 한 번씩은 쪽지를 남겼고, 여행을 가느라 쪽지를 하루 이틀쯤 건너뛸 때마다 우리 어린 딸이 현관과 울타리와 호두나무에 쪽지가 있나 살피다가 결국 찾지 못하고 디나 시가 더 이상 자신을 절친하고 특별한 친구로 여기지 않는다고 생각할까 봐 마음이 무거워졌다.

디나 시가 누구인지에 대해서는 많은 설이 있는데 그중 하나는 그들이 사랑하는 장소를 더 크고 강하고 잔인한 사람들이 막무가내로 빼앗는다는 것을 알고 그늘진 공간과 숨겨진 장소로, 땅 밑과 덤불 속으로, 어디든 우리 주위의 보일까 말까 하는 곳으로 틀어박혔다는 것이다. 우리는 그토록 보는 눈이 없다. 나는 필체를 들키지 않으려고 글을 왼손으로 휘갈겼고 아이가 아빠의 펜으로 알고 있는 펜은 절대 쓰지 않으려고 신경을 썼다. 디나 시의 쪽지가 비에 젖지 않게 하는 요령도 익혔다. 비에 젖으면 쪽지에는 암시와 흔적만 남게 될 테니까. 가끔은 아무 글도 쓰지 않은 메시지를 남기기도 했다. 디나 시가 초자연적인 존재라는 설도 있지만 나는 그렇게 생각하지 않는다. 나는 그들이 당신과 나처럼 자연적인 유기체로 존재한다고 생각한다. 나는 사람들이 초자연적이라고 여기는 것 대부분이 실제로는 초자연적이지 않다고 생각한다. 세상에는 우리가 인식하고 감각하고 지각하는 것보다 훨씬 많은 일들이 일어나고 있다고 생각한다. 무엇이 가능하고 불가능한지 안다고 생각할수록 우리는 어리석고 교만해져 우리 자신을 한 가지 생각에 가두어 버린다. 언어는 우리가 감지하지만 이해하지 못하는 대상, 이를테면 은총이나 디나 시 같은 것에 단어를 덧씌우려는 시도라고 생각한다. 작은 사람들, 평화의 사람들, 숨은 사람들은 존재하지 않는다고 단정하기는 쉽지만, 당신이나 나나 실제로는 어떤지 알지 못한다.

우리 딸은 견과류 껍데기와 깍지와 나뭇잎과 삼나무 솔방울의 비늘과 나무껍질 조각에다 디나 시에게 보내는 답장을 썼다. 나는 아이가 디나 시에게 쓴 쪽지를 전부 모아 두었다. 내가 쪽지 쓰는 것을 그만둔 때도 있고, 아이가 답장 쓰는 것을 그만둔 때도 있지만, 디나 시가 편지를 보내면 아이가 침대에서 일어나, 밖으로 달려 나가, 현관과 울타리와 호두나무를 샅샅이 살피던 때도 있다. 죽는 날까지 나는, 기대에 차서 들뜨고

기쁜 표정으로, 따뜻한 비밀을 품은 채, 부리나케 달려 나가던 아이의 모습을 잊지 못할 것이다. 평화의 사람들은 아이의 친구였고, 이 세상의 껍데기에 아이의 이름을 썼고, 작은 선물을 남겼고, 아이에게 주위 사람들과 꿈에 대한 질문을 던졌기에, 아이에게 덤불과 산울타리, 수풀과 나뭇가지는 신비와 애정이 가득한 곳이 되었다.

나더러 우리 딸의 머리에 황당무계한 생각을 주입하고, 쓸모없는 전설과 우화와 신화로 현혹시키고, 세상에 있는 것과 없는 것에 대해 잘못 가르쳐 아이를 오해에 빠뜨렸다는 사람들에게, 나는 이렇게 대꾸하겠다. 그러는 당신은 우리의 이해를 뛰어넘는 이 세상에서 무엇이 가능하고 무엇이 불가능한지 어떻게 아는가? 우리 주위의 보일 듯 말 듯 하는 곳에 당신의 눈에 보이는 것보다 훨씬 많은 존재가 있을 리 없다고 어떻게 그토록 확신하는가? 그리고 어찌 됐든, 어떤 이유, 어떤 구실로든, 가능한 한 오랫동안, 세상이 아이의 황홀하고 열렬한 상상력 주위로 울타리와 담장을 치기 전에, 아이의 마음을 기쁨으로 채우는 것이 뭐가 나쁜가?

체스 이야기

 어제 아들이 체스를 두자고 제안했다. 주님 부활 대축일이었다. 아이가 체스를 두자고 하면 대개 승낙한다. 아이는 스무 살이고 체스를 잘 둔다.

 나는 아이가 다섯 살 때 체스 두는 법을 가르쳤다. 아이는 열세 살 때 처음으로 나를 이겼다. 그날 가장 기억에 남는 것은 아이가 몇 수만에 킹을 쓰러뜨릴 수 있다는 사실을 둘이 동시에 깨달은 순간, 아이가 슬그머니 짓던 미소였다. 내 기억에 아이는 꺅꺅대거나 흥분하거나 함성을 지르거나 키득거리지 않고, 내가 가르쳐 준 대로, 경기를 존중하는 의미에서, 한 시간 내내 그 마음을 헤아리려 안간힘을 썼던 상대를 존중하는 의미에서, 체스판 위로 손을 뻗어 나와 악수했다. 최고의 체스 경기는 상대의 머릿속을 파고들 수 있는 지극히 친밀한 게임이다. 운이 따라 주면 상대의 성격과 창의성, 마음씨, 성질, 역경에 맞서는 태도, 경솔한지 침착한지, 얼마나 잘 놀라는지, 얼마나 훌륭하게 지고 얼마나 형편없이 이기는지를 어렴풋이 알 수 있다.

아이가 기사들을 좌익에 신속히 배치하자, 나는 허둥지둥 수비에 매달려야 했다. 나의 퀸이 왕좌를 박차고 내려와 상대의 수비진까지 달려갔지만 아이는 재빨리 요란한 폰들로 포위했다. 폰이야말로 가장 강력한 말이라는 생각이 들 때가 있다. 혁명과 종교는 누더기를 걸치고 황야에서 나타난 걸인들로부터 시작되니까. 나는 비숍으로 이곳저곳을 누비고 다녔다. 내 폰들은 격투 끝에 전사했다. 아이는 나이트를 쓸 절호의 기회 한 번을 놓쳤다. 엇비스듬하게 나아가는 나이트의 별난 행마법은 체스의 가장 큰 묘미다. 나이트는 직선으로 이동하지 않는 유일한 말, 자기만의 움직임을 지닌 유일한 말, 자기만의 길을 가는 유일한 말이다.

아들은 머잖아 서른이 된다. 나는 한 주 내내 체스판 맞은편에서 아이를 바라보고 싶다. 평생이 걸려도 바로잡지 못한 실수를 한 탓에 나는 아이에게 붙잡힌다. 아이를 사랑하는 마음을 어떤 말로 표현해야 할지 나는 알지 못한다. 아이가 나보다 앞서기를 바란다. 나는 이기고 싶지만 지고도 싶고 내가 얼마나 교묘하게 졌는지 음미하고 싶다. 내가 충분히 좋은 아버지였는지 의문이 들 때가 많다. 좋은 아버지는 아들에게 킹을 잡는 법을 가르친다. 아들이 사소한 실수를 저지른 틈을 노려 나의 룩이 가차 없이 접근한다.

나는 아들이 죽기 전에 죽기를 간절히 기도한다. 아들의 아이들에게도 체스를 가르치고 싶다. 나는 그 아이들에게, 운이 따라 준다면, 상대의 속마음을 꿰뚫어 보는 법을 보여 주고 싶다. 가끔, 어렴풋이, 잠깐 동안이겠지만, 그 잠깐 동안 당신은 상대의 육체라는 성 안에 누가 살고 있는지 암시하는 힌트를 얻을 수 있다. 우리가 서로에게서 보는 것은 우리의 일부일 뿐이다.

나는 우리가 사랑이라는 단어를 말할 때 의미하는 것을 가리키는 새로운 단어를 만들고 싶다. 체스라는 단어라면 그 역할을 멋지게 해낼 것이다. 체스는 이루 말할 수 없이 사랑스러운 단어다. 경기가 끝나고 서로 악수를 나누면서 나는 세계 역사상 나보다 행복한 아버지는 없었을 거라고 생각한다. 세계의 길고 험난한 역사를 통틀어 아무도 없었으리라.

가로등이 없는
비탈길에서

오래 전 아내와 아이들을 태우고 우리가 사는 도시의 좁고 어두운 길을 운전하고 있을 때였다. 로럴 스트리트라는 이곳은 가로등이 없는 비탈길로, 깎아지른 절벽과 가파른 벼랑 사이의 돌출부를 따라 길이 나 있다. 아이들이 우리 동네에서 자전거를 타고 스케이트보드를 타고 마음껏 뛰어다닐 때도, 나는 그 길을 조심하라고 수백 번쯤 주의를 주었다. 아이들이 가족의 승용차를 몰기 시작했을 때도, 나는 다시 수천 번쯤 주의를 주었다. 나는 우리 지역 공무원들에게 가로등이 됐든 반사판이 됐든 뭐가 됐든 그 길에 뭔가를 설치해 달라고 민원을 제기했다. 하지만 로럴 스트리트의 비탈지고 그늘진 길은 지금도 오래 전의 봄날 밤과 다름없이 좁고 어둡다.

운동회였는지 학부모 상담일이었는지 졸업 파티였는지, 초등학교에서 떠들썩한 행사를 마치고 집으로 돌아오던 때로 기억한다. 내가 기억하기로 따뜻하고 어스름한 봄날 저녁이었고, 행복하고 노곤한 아이들은 뒷좌석에서 땀에 젖은 채 인형처럼 뒤엉켜 있었다. 우리는 차를 타고 언덕을 천천히 내려왔다. 우스갯소리에 웃음 지었고, 한 번도 한 아이가 다른 아이를 밀치지 않았다. 그 순간 갑자기 내 뒤에서 상향등이 번뜩 비쳐 왔다! 그러고는 웬 멍청한 놈이 요란하게 경적을 울렸다! 마침내가 로럴 스트리트의 좁고 어두운 급경사에 들어선 순간이었다. 제정신 박힌 운전자라면 도로 오른쪽 가드레일에 붙어 기어가다시피 내려가야 할 곳이었다. 혹시라도 어느 무모한 바보가 길이 얼마나 좁은지도 모르고, 밑에서 급경사를 급하게 치달려 올 상황을 대비해서였다. 차 두 대가 만나는 지점에서는 아주 좁은 간격, 그야말로 5~8㎝ 틈을 두고 스치듯 지나가야 할 판이었다!

하지만 내 뒤의 이 자식은 귀가 찢어지도록 날카로운 경적을 울리고, 엔진을 부르릉거리고, 이제는 내게 상향등까지 **쏘**

고 있었다. 나는 당황하고 분노하고 두려웠지만, 입 밖으로 욕을 뱉지 않으려 안간힘을 쓰면서, 백미러에 비치는 상향등에 움찔하며, 눈을 가늘게 뜨고 깜깜한 어둠을 내다봤다. 이 얼간이가 나를 지나가도록 조금 더 옆으로 비키기 전에 급경사까지 간격이 얼마나 남았는지 확인해야 했다. 저 자식은 내 차에 탄 아이들 안 보이나? 우리가 협소하고 위험한 급경사에서 빠져나올 때까지 30초도 못 기다리나?

그 순간, 상상할 수도, 믿을 수도, 짐작할 수도 없던 일이 일어났다. 그 남자가 속도를 더 높이더니 우리를 추월하는 것이었다! 급경사에서! 시속 20km로 움직여야 하는 곳에서 시속 130km로! 그는 우리를 아슬아슬하게 지나가면서도 경적을 눌러 댔다. 내가 본능적으로 몸을 반대로 젖히자 내 어깨는 겁에 질린 아내의 어깨에 닿았다! 그런데도 그는 속도를 한층 더 올려 내가 나중에 경찰에게 설명한 대로 농담이 아니라 진짜 시속 160km는 될 법한 속도로 쌩하고 멀어졌다! 아이들과 개들과 자전거 타는 사람들과 노인들이 서로 손을 잡고 저녁 산책을 하는 거리에서! 과속 방지 턱도 있는데! 나는 그 차가 첫 번째 과속 방지 턱에 부딪혀 차대가 왕창 떨어져 나가고 남자는 길 밖으로 미끄러져 살갗이 몇 꺼풀 벗겨지기를 바랐다!

급경사를 빠져나온 후에 나는 놀란 마음을 추스르려 잠시 차를 세웠다. 우리는 여전히 겁에 질린 채 서로의 안부를 확인했다. 다시 천천히 차를 몰아 2분쯤 뒤에 집에 도착했다. 나는 경찰서에 전화했다. 아뇨, 번호판은 확인하지 못했습니다. 아뇨, 차종은 잘 모르겠습니다, 네, 운전자가 누군지는 몰라도 과속에 난폭 운전은 확실합니다. 어쩐지 운전자는 남자 같았다. 사나운 경적, 과격한 추월, 조급한 성미로 짐작건대.

다음 날 우리는 급경사에서 우리를 추월한 후에 그에게 무슨 일이 생겼는지 알게 되었다. 그는 시속 160㎞가 넘는 속도로 달리다가 반대편에서 오는 차량과 정면충돌했다. 그는 즉사했다. 어찌된 일인지, 놀랍게도, 상대 운전자는 크게 다치지 않았다. 그는 젊었다. 술에 취하고, 마약에 취하고, 몹시 의기소침했던 모양이다. 그는 젊었다. 나는 무엇보다 그가 젊었다는 사실이 기억에 남는다. 나는 그의 이름을 기억하지 못한다. 오랫동안 가장 기억에 남은 것은 우리가 급경사를 빠져나와 차를 세우던 순간 입안에 느껴지던 텁텁하고 씁쓸한 공포였다. 그는 내 아내와 아이들을 죽일 뻔했다. 그는 내 아이들을 순식간에, 활활 타오르는 불길과 공포의 비명 속에서 숨지게 할 수 있었다. 도저히 믿기지 않는 오만함과 무모함을 보며, 우리가 별 생각 없이, 무심코 몰고 다니는 폭탄을 그토록 함부로 다루는 모습을 보며, 나는 걷잡을 수 없이 분노했다. 그 폭탄이 무시무시한 무기라는 것을 잊은 듯이. 그런 공포의 순간들을 제외하면, 우리는 그 사실을 잊고, 좀처럼 의식하지 않는다. 나 역시 당신과 다를 바 없으니 우리 둘 다 부끄러운 줄 알아야 한다. 우리가 작동시키려는 끔찍한 무기에 대한 생각을 제외하고는 온갖 생각을 다 하면서도, 날마다 무심히 우리 자신을 태우는 끔찍한 흉기를 너무 대수롭지 않게 생각하는 것에 대해.

하지만 오늘 아침에 나는 그가 젊었고, 혼란스러웠고, 자살 충동을 느꼈고, 암울했고, 어쩌면 외로웠고, 어쩌면 겁에 질려 있었을지 모른다는 것을 기억한다. 그는 누군가의 아들이었다. 그를 사랑한 사람들은 그가 방황할까 두려워하고 어떤 밧줄이나 손이나 말도 그에게 닿지 못할까 봐 두려워했으리라. 우리가 차에 올라탔을 때쯤 그도 자기 차에 탔을 테고, 우리가 집으로 출발할 때 그도 죽음을 향해 출발했을 것이다. 나는 언제까지나 좁은 급경사에서 경험한 순간에 시달리고 분노할 것이다. 우리가 얼마나 죽음에 가까이 다가갔었는지를 떠올리며 언제까지나 두려움에 몸서리칠 것이다. 하지만 지금 나는 그 가엾은 청년을 생각하며 다른 이유로 몸서리친다. 내 아이들을 죽일 뻔한 그 멍청이 역시 겁에 질린 어린아이였다. 모든 아이가 우리 아이라면, 좋은 아빠는 어찌됐든 그 아이를 위해 기도해야 한다. 당연히 모든 아이는 우리 아이다. 그래서 나는 다시 한번 고통 속에서 자비를 발견하려 애써야 한다. 알다시피 그것은 평생 동안 해야 할 일이다.

망자

시신의 길이를 잰다. 팔을 펼쳐서 재면 망자는 길이 20㎝에 너비 13㎝다. 팔을 펼칠 것도 없다. 손이면 충분하다.

망자의 손은 야구 글러브마냥 괴상하게 생겼다. 이빨은 조그맣지만 촘촘하고 단단하다. 꼬리는 뭉툭해서 술집에서 너도나도 꼬리 자랑을 할 때 내세울 만한 꼬리는 아니다. 꼬리라기보다 두툼한 꽁지에 가깝다. 작고 까만 눈은 뜨여 있다. 귀는 찾아도 보이지 않는다. 몹시 큼지막한 코는 이 얼굴에서 배의 뱃머리가 하는 역할을 하고 있다. 망자의 존엄성을 지켜 주기 위해 성별을 확인하려는 시도는 삼간다.

망자는, 타운센드 두더지 *Scapanus townsendii*라고도 한다. 이

지역 토착민으로, 습지에서 산지에 이르는 온갖 곳에서 발견된다. 하지만 라틴어로 된 긴 학명을 확인하고, 그것이 농장과 목초지와 정원에 미치는 경제적 영향과, 과거의 상업적 가치(두더지 모피로 만든 외투와 목도리와 조끼는 한때 큰 인기를 끌었는데, 다른 동물의 가죽과 달리 표면이 매끈하기 때문이기도 했다)에 대한 논의를 읽는 순간, 나는 이 망자와 우리 이웃들에게 붙은 이름표와 해설에 내포된 최소한의 본질을 곰곰이 생각하기 시작한다. 그리고 나는 이 특정 개체에 대해, 이 한 생명의 멋과 목적과 갈망에 대해 호기심을 느끼며 축 늘어진 그 몸을 내려다보고 서 있다. 그것을 조만간 집과 심장이었던 땅속으로 돌려보낼 삽에 몸을 기댄 채.

필라델피아 출신의 존 타운센드John Townsend 씨에게 진심 어린 경의를 표하면서. 그는 서부의 숲과 산을 구석구석 누비며 그곳에 사는 존재들에게 세심한 관심을 기울였다. 그는 물떼새와 칼새와 개개비와 개똥지빠귀와 다람쥐와 박쥐와 들쥐와 얼룩다람쥐와 이 두더지 부족을 '발견한' 사람으로 인정받고서, 마흔한 살이라는 젊은 나이에 세상을 떠났다. 더 자세히 연구하기 위해 그가 죽인 동물들을 보존하는 데 사용한 비소로 자신도 모르게 서서히 자신을 독살했다. 나는 내 발치에 놓인 이 두더지가 스스로를 무엇이라고 불렀을지, 혹은 무엇이라 불렸을지 궁금하다. 동료들은 이 두더지를 어떻게 대하고, 생각하고, 인식했을까? 이 친구는 아버지였을까, 할아버지였을까, 고조할아버지였을까? 이 두더지 부족은 대개 야구장 크기의 영역에 서식하며, 아주 맹렬하게 홈 코트를 방어하며, 보통 봄이 시작되면 새끼가 태어나며, 새끼들은 금방 자라며, 최대한 빨리 집을 떠나기 때문에, 깊고 보드랍고 빽빽한 풀로 덮여 있고, 사방팔방으로 굴이 최대 11개나 뚫려 있는 가족의 보금자리는 봄이 끝날 즈음이면 텅 비게 된다. 그래서 나는 삽을 들고 여기 서서 어미들을 생각한다. 자식들을 자랑스레 여기지만, 지금은 활기찬 가족 없이 휑뎅그렁한 둥지에 혼자 남아, 따분한 일상을 이어가고 있으리라. 그것은 곧 내 모습이 될 것이다. 우리 아이들에게 날마다 전화하지 않으려고 꾹꾹 참고, 아이들의 독립을 축하하려 애를 쓰고, 추억에만 빠져 있지 않으려고 안간힘을 쓰는 나.

내가 읽은 내용에 따르면 이 두더지 부족은 대체로 고독하다. 그래서 나는 웃고 울고 싶어진다. 우리 모두가 대체로 고

독하고 서로를 향한 굴을 파는 데 평생을 소비하는 건 아닐까? 가끔씩 잠시라도 서로 연결되면, 우리는 황홀하면서도 혼란스럽고, 확신하면서도 의심한다. 그나마 가족의 보금자리가 휑해지기 전, 우리 중 하나가 아예 집에 돌아오지 않게 되고 저 멀리서 희미하게 삽질하는 소리가 들리기 전의 일이다.

  나는 생명의 언어에 따라, 많은 존재들의 먹잇감이 되도록 시체를 울타리 너머로, 덤불 속으로 던져 버려야 한다. 하지만 나는 우리가 침대에 폭 들어가 이불에 꼭 감싸여 있을 때의 황홀한 기분을 생각하며, 두더지가 그런 식으로 땅에 안겨 있는 것을 좋아할지, 그 압력과 밀도, 듬직한 무게, 어둠 속을 헤엄치다가 결국 그 속에 녹아드는 것을 좋아할지 고민하다가 결국 시체를 파묻는다.

퀸스에서

 우리는 종종 차를 타고 퀸스에 있는 삼촌 댁을 찾아갔다. 퀸스는 뉴욕시에 있었다. 퀸스는 자치구였다. 다섯 곳의 자치구 가운데 하나였다. 우리 아버지는 퀸스 출신이었고 어머니는 더 브롱크스 출신이었다. 더 브롱크스는 뉴욕주 북부에 있어 캐나다와 가까웠다. 더 브롱크스는 항상 그냥 브롱크스가 아닌 더 브롱크스로 불렸다. 뒷좌석에 앉아 있는 우리 아이들은 도저히 이해할 수 없는 수수께끼였다.

 우리는 고속 도로에서 '뉴욕시에 오신 것을 환영합니다. 로버트 F. 와그너 주니어 시장'이라 적힌 표지판을 보았다. 일단 그 표지판을 지나자 우리는 달라졌다. 심지어 고속 도로 가장

자리의 찌르레기와 비둘기들도 달라 보였다. 고속 도로를 벗어나는 순간부터 우리는 차창 밖을 열심히 내다보았다. 그래피티가 보였고 주택의 지하와 1층 창문 위에 쇠창살이 설치되어 있었다. 상점들 앞에는 쇠사슬 창살과 덜컹대는 철문이 내려져 있었다. 노인들이 접이식 의자에 앉아 담배를 피우고 있었다. 젊은 남자들은 맥주 캔을 들고 있었다. 올드스모빌과 임페리얼 자동차가 엄청나게 많았다. 차를 타고 스프링필드 공원을 천천히 지나가면서 우리는 언어의 개수를 세고 고기 굽는 냄새를 맡고 누군가가 홈런을 치는 장면을 기대할 수 있었다. 우리는 차창으로 날아오는 홈런 볼을 잡는 것이 간절한 소원이었기에 아빠에게 차를 빨리 몰아 달라고 졸랐다. 그러면 외야수는 기적이 일어났다고 생각할 터였다. 거리에 플라타너스가 늘어서 있었다. 잔디밭은 아주 작았고 집집마다 울타리가 쳐져 있었다. 퀸스에서는 시간이 더디게 흘렀다. 아무리 느지막이 집을 나서도 삼촌 댁에 도착하면 절대 늦은 시간이 아니었다. 삼촌은 항상 작고 어둡고 안락한 거실에 앉아 라디오를 듣고 있었다. 라디오에서는 항상 프랭크 시나트라Frank Sinatra나 루이스 프리마Louis Prima나 빅 데이몬Vic Damone처럼 저음으로 웅얼거리는 남자 목소리가 나왔다. 삼촌은 일어서서 우리 아빠이자 자신의 형을 맞아 정중하게 악수를 나누었다. 삼촌은 신사였기에 우리 엄마에게는 허리를 굽혀 인사했다. 삼촌은 우리를 보며 눈썹을 치켜올리고는 했는데 그것이 그분의 인사법이었다. 삼촌은 어떤 단어를 만나든 능청스레 피할 수 있다고 우리 아빠가 말한 적이 있다. 삼촌의 아내인 우리 숙모는 이탈리아인이었다. 그분은 미국 말을 못하는 어머니와 함께 주방에 있었다. 우리는 인사를 마치고 식품이 보관된 지하실로 와다닥 내려갔다. 퀸스에서는 하루 종일 먹을 수 있었고 아무리 먹어도 질리지 않았다. 퀸스에는 이탈리아 국기 색깔의 카넬로니와 지티와 라자냐와 파르미자나와 라비올리와 카놀리와 아니스 쿠키가 있었다. 마늘 냄새가 유타까지 풍길 만큼 마늘이 듬뿍 들어간 마늘빵이 있었다. 빵은 겉은 딱딱하고 속은 촉촉했다. 언젠가 숙모에게 빵을 직접 만드냐고 물었더니 1.6㎞ 내에 훌륭한 빵집이 다섯 곳이나 있는데 뭣하러 그러겠냐고 대답했다. 숙모는 웃음이 많았고 말이 너무 빨라서 우리는 그분이 무슨 말을 하는지 또렷이 알아들을 수 없었다. 우리 삼촌은 웃음이 많았지만 말은 거의 없었다. 어른들은 모두 플라타너스 사이로 햇빛이 아롱거리는 조그만 뒤뜰로 이동했다. 어른들은 원형으로 배치된 접이식 의자에 앉았다. 종이 접시를 무릎 위에 아슬아슬하게 올려놓은 채. 퀸스에서는 다들 종이 접시에 음식을 담아 먹었다. 양쪽 이웃의 라디오에서 메츠 야구팀의 경기가 중계되었다. 때로는 양쪽 라디오에서 동시에 메츠 경기가 진행되다가 스테레오로 패배했다. 양키스 경기를 중계하는 라디오는 없었다. 퀸스에서는 양키스를 응원할 수 없었다. 베네딕트 아널드Benedict Arnold*처럼 친구를 배신하는 행위였기 때문에 그것은 죄악이었다. 유다는 자기 친구들을 배신했다. 언젠가 삼촌은 유다가 변화구를 칠 줄 알았다면 양키스에서 뛰었을 거라고 했다. 그 말에 야구를 별로 좋아하지 않는다는 우리 아빠도 웃음을 터뜨렸다. 스포츠에 관심이 없는 사람들은 스포츠 이름 앞에 '더the'를 붙인다. 우리는 황혼녘에 그 집을 나섰다. 퀸스를 천천히 벗어나 고속 도로에 접어들었다. '당신은 지금 퀸스 자치구를 떠나고 있습니다.' 같은 표지판이 있었는지는 잘 기억나지 않는다. 막냇동생은

---

* 18세기 미국 독립 전쟁에 참전한 군인으로, 처음에는 대륙군이었지만 동료들을 배반하고 영국군으로 전향했다. — 옮긴이 주

잠이 들어 우리에게 기대곤 했다. 기대는 것은 규칙에 어긋났기 때문에 평소 같았으면 팔꿈치로 푹 찔러 동생을 깨웠겠지만 동생은 가장 어리고 착했고 우리는 피곤한 데다 카넬로니로 배가 불렀다. 곧 집에 도착할 테고 당분간은 퀸스에 가지 않겠지만 그날 이후로도 며칠씩이나 어디서 마늘과 버터 냄새가 나는 것만 같았다. 오랜 세월이 지난 지금도 마늘과 버터 냄새를 맡으면 나는 잠시 퀸스에 있다는 착각에 빠진다.

실종

 오늘 아침 신문에, 라디오에, 웅얼대는 TV 소리에, 손 안의 번쩍이는 화면 속 굵은 글씨에 또 등장했다. '실종'이라는, 끊임없이 출몰하는 지긋지긋하고 무시무시한 단어가. 하지만 틀렸다. 정확한 표현이 아니다. 실종자는 없다. 사실은 아무도 실종되지 않았다. 그들은 당신이 생각하는 곳, 있을 거라 예상되는 곳, 평소에 잘 가는 곳, 마지막으로 목격된 곳, 항상 있는 곳에 있지 않을 뿐이다, 무슨 문제가 생긴 것이 아니라면. 보통은 사소한 문제지만, 이번에는 그렇지 않다.

 하지만 그들은 실종되지 않았다. 그들은 바로 그곳, 쑥대밭, 잔해, 부서진 기반 시설, 무너진 고속 도로, 허물린 폐허 밑에 있다. 그들은 널브러지고, 반듯이 눕고, 웅크리고, 구겨지고, 망그러지고, 구부러지고, 부서져 있다. 그들은 놀랍도록 평온해 보일 때가 많다. 흙, 먼지, 깨진 돌 밑에서 곤히 잠든 듯이 보일 때가 많다.

하지만 그들은 실종되지 않았다. 발견되지 않았을 뿐. 하루나 닷새나 열흘 뒤에 그들은 노출되고, 발견될 것이다. 잡아당겨지거나, 끌려 나올 것이다. 건물이 무너지고, 지진이 일어나고, 태풍이 덮치고, 전투가 종기처럼 터지고, 허리케인이 후려치고, 홍수가 닥쳤다. 포효 속에서 말은 의미를 잃는다. 말은 갈기갈기 찢긴다. 말은 사나운 바람에 세차게 얻어맞는다. 지금쯤은 그 녀석이 뒷문으로 들어왔어야 하는데, 그 건방지고 심술궂고, **까칠하고 뾰족한** 녀석이. 할아버지는 입버릇처럼 이렇게 말한다. 할아버지는 그 표현을 좋아한다. **까칠하고 짓궂고 뾰족한** 녀석. 할아버지는 이런 표현으로 손녀를 감싼다. 그 단어들을 보자기나 수의처럼 손녀의 새침하고 완벽한 얼굴에 덮는다. 그녀가 언덕 꼭대기에서 자갈을 밟으며 경쾌하게 달려올지도 모른다는 아주 희미한 가능성을 기대하며 개는 평소처럼 귀를 쫑긋 세운다. 문고리는 그녀의 손을 간절히 기다

3장 저녁 무렵의 사소한 기억

리지만, 이제 문은 언제까지나 그 손길을 받지 못할 것이다. 그녀가 실종되었기 때문이다. 실종자이지만 실종된 것이 아니라, 패대기쳐지고, 쓰러지고, 떨어졌을 뿐이다. 그들의 영혼은 육체에서 달아났다. 과거의 그들은 더 이상 현재의 그들에 깃들어 있지 않다. 과거의 그들은 풀려나서 사라졌다. 이제 그녀의 이름을 말할 때 우리는 과거 시제, 과거형을 쓴다. 과거에는 그녀의 이름이 손잡이나 그림자처럼 그녀를 따라다녔지만 지금은 없어지고, 떨어지고, 바람에 휘돌고 있다. 다른 데로 가라고 아무리 구슬리고 달래도 개는 문 옆에서 네 시간 넘게 기다렸다. 어둠이 내리고 한참이 지나서야 녀석은 서서 기다리고, 신경을 곤두세우고, 지켜보고, 그녀의 존재가 주는 섬세하고 독특한 기쁨을 기대하는 것을 멈추었다.

내 글에 대한
독자들의 편지와 의견 모음

왜 그렇게 구두점을 학대하세요? 구두점이 작가님한테 죽을죄라도 지었나요? 혹시 교육을 받았다면, 대체 어디서 받은 겁니까? 문법 공부는 안 했습니까? 누가 봐도 의도적으로 문법 규칙을 모조리 어긴다고 예술이 되는 건 아니죠. 당신 소설에 나오는 모피 사냥꾼은 악랄한 거짓말쟁이더군요. 부끄러운 줄 아세요. 작가님 소설에는 왜 개가 안 나오죠? 개한테 악감정이라도 있으세요? 어떻게 한 마을에 대한 소설을 쓰면서 개를 한 마리도 등장시키지 않을 수 있죠? 작가님이 수필에서 고양이를 사탄의 음사한 자식이라고 하셨더군요. 어쩌면 그런 말을 하실 수 있나요? 웃기려고 그러시는 거예요? 재미있어 보이려고 그러시나 본데 고양이 모임에서는 전혀 재미있지 않아요. 포도원에 대한 책에서 입이 닳도록 사랑스러운 연구 조교 이야기를 하시더군요. 인터넷을 찾아보니 작가님은 결혼한 지 오래 되셨던데요. 아내 분은 연구 조교에 대해 아시나요? 포도원에 대한 책을 보니 군데군데 엉뚱한 길로 빠져 그 순간에 머릿속에 떠오르는 대로 아무 얘기나 늘어놓으시던데요. 출판사에서 어쩌자고 그러도록 내버려 뒀을까요? 우리 독서 모임에서 이 책을 읽다가 이 책이 시시하다는 편과 훌륭하다는 편으로 갈려 말다툼이 일어났어요. 결국 모임이 해체되는 바람에 이제 새 독서 모임을 찾아야 해요. 작가님이 원망스럽네요. 항해에 관한 작가님 소설 211쪽에 오류가 있어요. 소나무담비에 관한 소설 208쪽에도 오류가 있어요. 오리건 해안에 관한 소설 첫 장, 두 번째 단락에 오류가 있지만, 작가님의 문체가 원체 이상하다 보니 오류가 아닐 수도 있겠네요. 나는 '종교' 에세이라고 주장하는 당신의 글은 교황주의 교회의 천박한 의제를 팔겠다는 교묘한 의도가 실린 잡설에 지나지 않는다고 봅니다. '종교' 에세이를 표방하는 당신의 책에는 합리적이고 이성적인 독자들은 읽지 말라고 경고하는 커다란 스티커를 붙여야 합니다. 저는 당신이 '시'라고 주장하는 책 세 권을 다 읽었지만, 그중에 메리 올리버Mary Oliver 근처라도 갈 수 있을 만한 시는 한 편도 없더군요(그 독자에게 나는 그 의견에 진심으로 동의한다는 답장을 썼다). 작가님은 왜 소설에 따옴표를 쓰지 않나요? 얼마 전에 우리 독서 모임에서 작가님 소설을 읽었는데, 회원 한 명이 책 전체에 부사가 하나도 없다고 지적하더군요. 고의인가요, 우연인가요? 작가님의 글에 대한 숙제를 해야 하는데 위키피디아에 보니 1935년과 1956년에 태어났다고 되어 있더군요. 그것이 어떻게 가능하죠? 작가님이 캐나다인이라서 그런가요? 우리 반에서 벌새에 대한 작가님의 에세이를 공부하고 있는데 결말이 이해가 안 되더군요. 작가님은 이해되세요? 수업 때 심장에 관한 작가님의 책을 읽다가 선생님이 '작가가 대체 무슨 생각을 하고 있는 거야?' 하고 투덜거리시더군요. 우리도 전부 같은 생각이었어요. 우리 독서회에서 4월 모임 때 당신 소설을 다루기로 했는데 읽다 보니 이런 의문이 듭디다. 이 작가는 제임스 조이스James Joyce와 호르헤 루이스 보르헤스Jorge Luis Borges 중 누구를 모방하려 했을까? 대답해 주시오. 나는 보르헤스에 10달러 걸었소.

성 프란치스코
제3회

내가 열 살 즈음에 독실한 가톨릭 신자였던 내 어머니와 아버지는 교구 생활보다 더 깊고 친밀한 영적 경험을 위해 교회의 수많은 제3회 단체 가운데 하나인 성 프란치스코 제3회 모임에 참가하기 시작했다. 제1회와 제2회는 각각 남성과 여성이 서약을 하고 가입하는 가톨릭의 다양한 사제, 수도자, 수사, 수녀 단체를 가리킨다.

성 프란치스코 제3회의 실제 규칙, 부모님이 쏟은 헌신의 깊이와 시간, 남동생들과 내가 어디로 얼마나 오랫동안 어머니와 아버지가 가시는 그 모임에 따라다녔는지는, 잘 모른다. 누구보다 존경스러운 프란치스코의 이름을 걸었으니 청빈과

봉사가 그때의 신조였음을 추측할 수 있을 뿐. 하지만 오늘 아침에 내 마음을 잡아 끈 것은 제3회와 그 유구한 역사가 아니다. 당시에 40대였던 어머니와 아버지가 그 많은 자식을 돌보고 먹이고 지키고 가르치고 키우느라 악착같이 일하면서도 오로지 신앙의 깊이를 위해 한두 주에 한 번씩 두세 시간을 기꺼이 이 사명에 바쳤다는 사실이다.

차를 타고 도시를 두세 개쯤 지나 낯선 교회나 학교에 도착하면 우리는 바로 지하로 내려갔다. 마치 영혼이 되어 아주 오래 전 그리스도교 신앙이 시작된 카타콤으로 돌아가는 듯 항상 지하였다. 우리는 그곳에서 헤어져, 부모님은 모임에 가고, 우리 남자아이들은 낯선 학교의 지하 공간 깊숙이 들어갔다. 종종 우리는 도서관이나 교실에 머무르며 모임이 한창 진행되고 있다는 확신이 들 때까지 점잖게 기다리다가, 때가 되면 슬며시 빠져 나가 탐험을 시작했다. 동생들과 나는 우리가 아는 다른 어떤 아이들보다 롱아일랜드의 가톨릭 학교를 자유로이 돌아다녔을 것이다. 교사 휴게실, 교장실, 청소 용구 보관함, 으스스한 성전, 때로는 천장이 낮은 체육관까지. 유혹하듯 반질거리는 체육관 바닥에서 우리는 양말 발로 신나게 조용히

3장 저녁 무렵의 사소한 기억

스케이트를 탔다.

퀴퀴한 커피와 리놀륨 왁스와 이름 모를 학생들의 냄새가 밴 먼지투성이의 학교 지하실들도. 살짝 녹이 슬었고, 이번 생에는 절대 기름을 칠할 일이 없을 철제 접이식 의자가 끽끽대는 소리, 하루 지난 도넛과 그것들이 굴러다니는 커다랗고 기름진 상자의 끈적끈적한 냄새, 이따금씩 마주치는 덩치 큰 프란치스코회 수사님의 너털웃음, 이따금씩 마주치는 가냘픈 프란치스코회 수녀님의 함박웃음, 남자들이 중절모와 납작한 모자를 걸어 두는 모자걸이, 여자들이 비옷과 색이 고운 외투를 조심스레 걸어 두는 코트걸이. 제3회에 따라온 다양한 다른 아이들은 일부러 피해 다녔다. 우리는 모임이 진행되는 동안만큼은 낯선 학교를 마음껏 휘젓고 다닐 수 있었다. 이 모든 기억이 이제는 희미하면서도 또렷하다. 전부 흐릿하게 빛이 바랬고 대부분 잊혀졌다. 양말을 신고 스케이트를 탔다는, 문득 떠오른 기분 좋은 추억만 빼면!

나 같은 작가는 오랫동안 그런 사소한 사실들을 즐기고 누릴 것이다. 그것들을 끄집어내어, 시간을 이겨 내고, 나이가 들면서 잃은 줄 알았던 존재의 일부를 되찾았다. 하지만 지금 나

같은 작가는 행복하고 자유분방한 남자아이들이 아니라 고단하고 어진 부모를 바라보고 있다. 교구 활동에 열성적이고, 형편이 넉넉하지 않고, 가톨릭 학교에 다니는 아이 넷과 곧 태어날 아이 하나를 두었고, 정기적으로 주말에 세 시간을 내어, 그리스도께서 모든 이의 마음 안에 계시며, 기적은 얼마든지 가능하고 어디에나 있고 쉽게 발견할 수 있으며, 모든 살아 있는 존재는 은총의 증거이며, 사실 모든 존재는 이 세상에 흩어진 하느님의 사랑을 경외하며 증언하고 찬미하는 사제와 다름없다는 혁신적인 사상이 담긴 신앙을 더욱 깊이 탐구하는 40대 여자와 남자를. 부모님은 신앙을 종교로서뿐만 아니라 나침반과 길잡이로 진지하게, 행복하게, 철저하게, 마음 깊이 받아들였기에, 부모님을 사랑하고 존경한다면, 나 역시 신앙을 진지하게 받아들일 수밖에 없었다.

교회에 대해 어두운 마음이 들 때마다, 권력과 탐욕에 중독되고, 마땅히 구원해야 할 좌절하고 무력한 이들을 집단으로 비웃는 교회에 회의가 들 때마다, 나는 일요일 오후, 도시 두 개를 거쳐 성 프란치스코 제3회 모임에 가는 것만 빼면 뭐든지 할 수 있을 것 같던 순간에 우리를 차에 태우던 어머니와 아버지를 떠올린다. 부모님 역시 집에서 낮잠을 자거나, 정원을 가꾸거나, 경기를 보거나, 덧창을 고치거나, 해먹에 누워 어니 파일Ernie Pyle*의 책을 읽고 싶은 마음이 없지 않았겠지만 어떻게든 차를 몰고 가서 모임에 참석했다. 우리가 아이들에게 줄 수 있는 최고의 교훈은 말로만 가르치는 교훈이 아닐 것이다. 아이들이 잊으려야 잊을 수 없는 교훈일 것이다. 보다시피.

---

* 제2차 세계 대전에 참전한 미군들의 이야기를 보도하여 퓰리처상을 수상한 미국의 종군 기자(1900~1945). — 옮긴이 주

해변으로

언젠가 동생과 나는 아무 이유 없이 우리의 작은 벽돌집에서 해변까지 자전거를 타고 가기로 했다. 우리는 가족이 타는 차에서 지도를 꺼내 꼼꼼히 살펴본 끝에 해변까지의 거리가 약 6.4km라고 결론 내렸다. 동생은 열두 살이고 나는 열세 살이었다. 우리는 동네 몇 개를 통과한 다음에 고속 도로 갓길의 풀밭을 헤치고 지나가야 했다. 고속 도로 갓길은 난코스가 될 터였다. 고속 도로가 개펄 위에 놓인 다리를 두 번 지나갔기에 자전거에서 내려 15cm 정도 밖에 안 되는 난간 옆 경계석을 따라가며 균형을 잡아야 하기 때문이었다. 그런 걱정은 그곳에 이르렀을 때 하기로 했다. 우리는 탄산음료 캔과 샌드위치 두 개와 비치 타월 한 개씩을 준비했다. 우리는 서핑 보드를 두고 토론을 벌였다. 고속 도로에 바람이 많이 불어 보드가 돌풍을 만나고 우리 중 한 명이 트럭에 깔려 죽으면 어쩌나? 어머니가 불같이 화를 내고 살아남은 아들은 평생 방에 갇혀 다시는 햇빛을 보지 못한 채 에드거 앨런 포Edgar Allan Poe처럼 파리하고 쓸쓸하게 시들어 갈 텐데. 하지만 손가락으로 바람을 가늠해 보니 그다지 나쁘지 않은 것 같아서 우리는 보드를 가져가기로 했다. 그 널빤지는 150㎝ 길이에 필요 이상으로 퉁퉁했다. 우리는 여름 내내 날마다 보드에 왁스를 바르며 애정과 영광의 꿈을 쏟아 부었다. 그러나 보드는 다루기가 힘들었다. 우리가 아무리 용을 써도 자전거에 실리는 것을 한사코 거부했다. 어쩔 수 없이 둘이서 들고 나르기로 하고 꼴사나운 모습으로 해변을 향해 출발했다. 한동안은 행인들의 놀란 표정과 그들이 이따금씩 익살스러워 보이려고 건네는 말 외에는 모든 것이 순조로웠다. 익살스러워 보이려고 건네는 말을 들을 유일한 사람들이 익살을 부리려 애써도 잘 먹히지 않는 사람들인 순간에 충동적으로 익살을 부리는 이유가 내게는 수수께끼다. 마침내 제방을 올라 고속 도로에 다다르자 우리는 남쪽의 해변으로 향했다. 바로 그때 동생은 우리가 요금소를 지나가야 한다고 상기시켰다. 로버트 모지스Robert Moses*가 뉴욕주 사람들에게 존스 비치를 선물하려고 쓴 돈을 벌충하기 위해 고속 도로에 설치된 요금소였다. 그 문제는 그곳에 이르고 나서 걱정하기로 했다. 이 무렵 우리는 이미 지쳤고 서핑 보드는 죽도록 무거웠기 때문에 가던 길을 멈추고 샌드위치를 먹었다. 쌩쌩 지나가던 자동차 한 대에서 아무 이유도 없이 우리에게 맥주 캔을 던졌다. 우리 둘 다 그 당시에 《하디 보이즈Hardy Boys》**를 읽고 있었고 탐정이 되고 싶었기 때문에 즉시 번호판을 확인했다. 기억력이 비상했던 동생은 그것을 외우고 만약을 대비해 모래 위에다 적어 두었다. 우리는 계속 나아갔다. 이제 파리와 모기가 나타났지만, 고속 도로 갓길을 따라 자란 수풀에는 토끼도 있었다. 첫 번째 다리에 도착한 우리는 짧은 회의 끝에 한 명씩 경계석을 따라 자전거를 끌고 갔다가 서핑 보드를 가지러 돌아오기로 했다. 우리가 서핑 보드를 두고 갈 때

---

* 20세기 초중반 뉴욕의 대규모 도시 계획을 총괄했던 고위 공직자. — 옮긴이 주
** 아마추어 탐정인 10대 형제가 어른들은 풀지 못한 다양한 범죄 사건을 해결한다는 내용의 미스터리 소설 시리즈. — 옮긴이 주

한 남자가 우리를 도우려는지 서핑 보드를 훔치려는지 속도를 서서히 줄였지만 우리는 우리가 선망하는 건설 노동자들과 저 앞의 요금소에서 일하는 우리 형처럼 인상을 팍 쓰며 그 남자에게 신경 끄라는 뜻으로 손짓을 했다. 우리는 두 번째 다리에서도 같은 계획을 실행했지만 이번에는 진짜로 돌풍이 불어 고속 도로로 날아갈 뻔했다. 그 순간 트럭이 굉음을 내며 지나가는 바람에 우리는 차에 깔려 죽을 뻔했다. 이 사건에 대해 부모님에게는 절대 말하지 않기로 굳게 약속했고, 나는 지금도 이 약속을 깨고 싶지 않다. 이런 일을 겪고 나니 갑자기 허기가 져서 우리는 다른 샌드위치를 먹고 탄산음료를 마시고 기원후 27세기의 고고학자들이 발굴할 수 있도록 캔을 모래에 묻었다. 우리는 계속 나아갔다. 아니나 다를까 고속 도로는 요금소로 이어졌고 우리는 주 경찰서에서 보이지 않게 요금소를 피해 갈 방법은 없다는 것을 처음으로 깨달았다. 로버트 모지스는 바보가 아니었다. 그는 수천 개의 동네와 그 활기찬 문화를 파괴한 죄로 감옥에 갔어야 마땅한 오만한 폭군이었지만 우리 어머니 말대로 그 남자의 교활한 열정만큼은 높이 평가해야 했다. 이 무렵 우리는 지치고 덥고 목이 타서 서로가 옆에 없었다면 울음을 터뜨렸을 것이다. 잠시 앉아서 주위를 살피고 있을 때 놀랍게도 동생이 곧장 형이 일하는 요금소까지 걸어가서 창문을 두드렸다. 잠시 후에 형은 낡아 빠진 회색 트럭을 몰고 와서 우리와 자전거와 서핑 보드를 트럭에 싣고 웨스트엔드 2 해수욕장까지 데려다주었다. 그곳은 그때도 지금도 서핑하기에 더없이 좋은 해변이었기에 우리는 오후 내내 그곳에서 서핑을 즐겼다. 별로 잘하지는 못했지만, 형의 근무 시간이 끝날 때까지. 형은 포드 팰컨(Ford Falcon)을 타고 와 우리를 집까지 데려다 주었다. 기진맥진한 우리는 집으로 돌아오는 길에 좁은 뒷좌석에서 곯아떨어졌다. 너무 지쳐서 집에 도착해서도 일어날 생각을 않자 형은 말없이 자전거와 서핑 보드를 내려 전부 차고에 집어넣었다. 형이 차 트렁크를 닫는 순간 나는 자전거를 한 손에 하나씩 들고 서핑 보드를 팔에 끼운 채 차고로 걸어가던 형을 비몽사몽간에 본 기억이 난다. 오랜 세월이 지난 지금도 형을 생각하면 가장 먼저 떠오르는 이미지 중 하나다. 결혼식 날 턱시도를 입은 형, 박사 학위를 받던 날 찰랑이는 졸업 가운을 입은 형, 아이들이 태어난 날 기뻐하며 작은 빵 덩어리 들 듯 아기를 들어 올리던 형, 심지어 죽기 전 몇 주 사이 수척한 얼굴로 환히 웃던 형이 떠오를 법도 하지만, 황혼녘에 우리의 자전거와 서핑 보드를 차고로 운반하던 키가 크고 호리호리한 형이 가장 기억에 선명하다. 우리가 가장 또렷이 기억하는 것들, 우리의 기억에 가장 의미 있게 남아 있는 것들은 세상의 척도로 볼 때 아주 사소한 것들이다. 하지만 그것들은 절대 하찮지 않다. 그것들은 너무 거대하고 소중하고 거룩해서 우리에게는 아직 그것들을 담을 만큼 큰 단어가 없다. 그래서 그 근처에라도 가려면 암시나 비유의 힘을 빌려야 한다.

웅크리기

초등학교 때 우리는 원자 폭탄 안전 훈련을 받았다. 정말이다. 요즘 사람들은 아이들이 책상 밑에 웅크리거나 복도에서 웅크리는 연습을 했다는 것을 도저히 못 믿겠지만 실제로 우리는 우리를 전혀 보호할 수 없다는 것을 누구나 아는 공간에서 웅크리는 연습을 했다.

웅크리는 연습이 얼마나 미친 짓인지, 아무리 잘 웅크려도 곧바로 타 죽으리라는 것을 잘 아는 권위자들이 우리에게 웅크리는 연습을 하라고 강요하거나, 아주 진지하거나 조용하게 웅크리지 않는 아이가 있으면 화를 내거나, 전혀 웅크리지 않는 아이들에게 실제로 벌을 주는 것이 얼마나 어리석은지에 대해서도 할 말이 참 많지만, 나는 오히려 웅크리는 행위 자체에 대해 생각해 보고 싶다. 왜냐하면 우리는 웅크리는 것 자체에 대해 별로 생각하지 않기 때문이다. 단체로 웅크리는 것, 똑바로 줄지어 웅크리는 것, 성별과 연령에 따라 웅크리는 것은 말할 것도 없이. 이 모두를 우리는 오래 전, 원자 폭탄이 날아올 바다에서 그리 멀지 않은 초등학교에 다니던 시절에 실제로 경험했다.

다른 학교의 원자 폭탄 훈련은 어땠는지 몰라도 우리 학교의 원자 폭탄 훈련은 교내 방송 설비에서 치직 소리가 나면서 시작되었다. **폭탄 훈련**이라는 말이 들리자마자 우리는 책상 밑에서 무릎을 꿇고 머리를 무릎 사이로 숙인 채, 팔뚝이나 싸늘한 리놀륨 바닥에 대어야 했다. 아니, 쪼그리고 앉아서는 안 되고, 책상다리를 하고 앉아서는 안 되며, 낮잠 자듯이 몸을 웅그려서도 안 되고, 다리를 쭉 뻗어 앞 책상 밑에 웅크린 남학생을 찔러서도 안 된다. 못 믿겠지만 원자 폭탄 훈련 때의 바람직한 웅크리기 자세는 정해져 있었다. 우리 선생님은 그 자세를 시킨 다음 내가 기억하기로 교실의 통로를 두 번씩 왔다 갔다 하면서 웅크리는 자세를 고쳐 주고 말귀를 못 알아듣는 아이들에게는 무릎을 꿇고 직접 시범을 보였다.

교장 선생님이 근엄한 목소리로 **폭탄 훈련**이라 선언하는 교내 방송이 나오는 순간에 혹시 교실에 있지 않다면 복도 벽을 따라 웅크려야 한다. 아니, 화장실에서 웅크려서는 안 된다. 만약 화장실에 있을 때 폭탄 훈련이라는 말이 들리면, 뛰지 말고 걸어서 복도로 나가 복도 벽을 따라 웅크린 동급생들에게 합류해야 한다. 동급생들을 당장 찾을 수 없다면, 복도 벽을 따라 웅크리고 있는 다른 학년 학생들과 함께 웅크려야 한다. 상급생들은 겁먹은 어린 학생들을 보살피고 진정시키는 노력을 해야 한다. 만약 학교 밖에 있을 때 폭탄 훈련이라는 말이 들리면, 학교가 됐든, 수녀원이 됐든, 사제관이 됐든 가장 가까운 외벽을 따라 웅크려야 한다. 어떤 상황에서도 교정을 떠나서는 안 된다. 탁 트인 장소는 피해야 한다. 이번에도 상급생들은 겁먹은 어린 학생들에게 각별히 관심을 갖고, 진정시키려 노력해야 한다.

어떤 학생이나 교사나 수위나 교무직원이나 도서관 사서나 간호사나 교감이나 교장이나 사제도 지정학이나 전쟁의 도덕성, 타 죽는 순간에 작용하는 물리학적 원리를 언급한 적은 없다. 우리는 웅크릴 때가 되면 웅크렸을 뿐이다. 지도자들의 거짓말, 상대 국가에 대한 위선적인 악마화, 적국의 도시를 초토화시킨 우리의 국가적 책임에 대해서도 할 말이 많지만, 이 글을 마무리하면서 나는 오로지 책상 밑과 복도와 사제관 외벽을 따라 웅크린 채 부스럭대고 갈팡대던 아이들을 기억하고 싶다. 침묵에 가까운 상태, 떨림과 두려움과 속삭임, 운동화, 쑤시는 무릎, 리놀륨 바닥에서 전달되는 냉기, 어쩌면 이번에는 훈련이 아니고 살아서 사랑하는 이들을 다시 못 볼지도 모른다는 마음 깊은 곳에서 은밀하게 꿈틀대는 공포. 잠시 후에 교내 방송 설비가 다시 치직대고 우리가 일어서면 훈련은 끝이었다. 실제로 폭탄을 맞은 적은 없지 않느냐고 한다면 그 말은 옳지만, 머리를 무릎 사이로 숙인 채 웅크리고 있던 모든 순간에 얻은 상처를 얼마나 많은 아이들이 간직하고 살아야 할까? 왜 아무도 그 말은 입 밖으로 꺼내지 않는 것일까? 우리는 그 시절에 했던 원자 폭탄 훈련의 어리석음을 비웃는다. 아이든 책상이든 돌이든 교사든 담장이든 지붕이든 십자가든 눈 깜짝할 사이에 날아갈 마당에 그렇게 웅크리고 있었다는 것이 참 어리석었다 싶지만, 절대 웃어넘길 수만은 없다. 수백만의 아이들이 그런 상처를 숨기고 산다. 우리는 그런 상처에 대해 좀처럼 이야기하지 않지만 가끔은 지금처럼 잠시라도 그 이야기를 꺼내야 할지도 모르겠다.

우리의 텁수룩한 삼촌들

어젯밤에 세 살배기와 한 시간쯤 곰 얘기를 나누다가, 가장 순수한 인간은 세 살짜리 아이라는 것을 다시 한번 느꼈다. 내가 보기에 남자아이인지 여자아이인지는 중요하지 않다. 어린 아이의 **집중력**이 얼마나 대단한지 아는가? 아이들이 곰을 좋아하면 당신도 가까운 미래에 곰에 빠지게 될 것이고, 아무것도 곰을 가로막지 못할 것이다. 곰 이야기를 할라치면 할 말이 참 많다. 곰은 **색이 아주 다양하다.** 아마도 색을 가리키는 단어의 수보다 더 많은 색을 띨 것이다. 곰은 단어가 생겨나기 전부터 존재했기 때문이다. 나의 어린 친구는 곰이 **연필**이 있기 전부터 존재했다고 말했다. 놀라운 문장이고, 틀림없이 옳으며,

내가 한 번도 생각하지 못했던 사실이다. 아이는 자기가 말하는 곰이 어떤 곰인지 보여 주려고 연필로 곰 몇 마리를 그렸다. 대충 흑곰을 닮은 모습이었다. 나는 아이에게 언젠가 캐나다에 있는 빙하 근처의 산자락에서 흑곰을 본 적이 있다고 말했다. 우리는 한참 이 이야기를 나눴다. 캐나다와 빙하는 이 아이에게 생소한 개념이었지만 산은 아니었다. **아이**는 산을 알았다. 산은 아이의 **꿈**에 등장해, 아이에게 **말**을 걸었다. 산은 목소리가 굵었다. 꼭 곰처럼. 산과 곰의 목소리가 비슷할지도 모른다는 것이 나에게는 생소한 개념이었다. 아마도 수백만 년 동안 서로 가까이 있었기 때문이리라. 나는 아이에게, 내가 읽은 책에 따르면 곰은 약 4천만 년 전부터 존재했고 처음에는 개와 비슷한 작은 크기였다고 했다. 하지만 그 후 세월이 흐르면서 어떤 종들은 엄청나게 거대해졌다. 우리 둘 다 그것이 참 근사한 일이라고 인정했고, 아이는 잠시 곰을 몇 마리 더 그리다가 집 주위를 백만 바퀴 도는 것이 좋겠다며 밖으로 나갔다.

집으로 돌아오는 길에 곰에 대해 생각해 보았다. 우리가 어릴 때 곰에게 우정과 동지애를 느꼈던 이유는 테디 베어 때문이기도 하지만 곰이 크고 북슬북슬하고 독립적이고 강하고 아무도 곰을 건드리지 않기 때문이다. 어릴 때 그토록 곰을 좋아하는 이유는 우리가 먹고 싶은 것은 뭐든지 먹고 자고 싶으면 어디서든 자고 누구에게도 이래라 저래라 지시받지 않는 곰처럼 **되고** 싶어서인지도 모른다. 흥미롭게도 오늘날의 이야기와 신화와 우화에는 삼촌 같은 역할을 하는 곰이 자주 등장한다. 모글리와 라이라와 프로도* 같은 어린 분신들에게 강력하고 엄격하지만 공정한 멘토 노릇을 한다. 지난 천년 동안 우리의 이야기 속 곰들은 공격하고 정복해야 할 험상궂은 야성의 화신에서, 무뚝뚝한 삼촌, 엄해 보이지만 전혀 엄하지 않은 할아버지, 우락부락한 근육 밑에 다정함을 감춘 형들로 역할을 바꾸었을까? 과거에 젊은이는 황야로 나가 가장 크고 사나운 주민을 상대로 자신의 패기를 시험하곤 했다. 이제 황야가 없어졌기에, 그런 곰이 더 이상 우리 꿈에 나타나지 않는 것일까?

황야가 사라진 세상에서 사라진 모든 것을 이야기할 때, 우리는 영원히 자취를 감춘 종과 잃어버린 생명의 거룩함, 태어날 장소가 없어 새로운 종의 탄생이 점점 줄어들 가능성, 새로 나타날 유기체는 우리의 의술과 조작으로 방어할 수 없을 거

---

* 각각 《정글북》, 《황금 나침반》, 《반지의 제왕》의 등장인물. — 옮긴이 주

라는 끔찍한 가능성을 이야기한다. 하지만 우리는 우리가 상상하는 생명의 상실에 대해, 꿈속에서 우리에게 굵은 목소리로 말하는 생명에 대해서는 좀처럼 이야기하지 않는다. 세상에 곰이 없다면, 곰을 꿈꾸고, 곰을 그리고, 곰과 함께 잠드는 아이들도 없을 것이다. 그것은 끔찍한 불행이다. 무언가를 진짜 이름으로 부르는 것은 죄악이 될 것이다.

미사 참례
복장

미사에 입고 갈 옷차림에 세심하게 신경 쓰는 것은 요즘 추세가 아니고, 나도 옛 관습을 그다지 아쉬워하지 않는다. 정장보다는 황갈색 면바지와 토요일에 허드렛일할 때 걸치는 점퍼가 확실히 더 편하기 때문이다. 하지만 미사에 서핑 반바지를 입고 온 젊은 남자들이 눈에 띄는 날이면, 나도 모르게 아주 오래 전, 나의 어린 시절로 돌아가게 된다. 대가족이었지만, 아들 여럿에 딸은 하나뿐인 것이 주일 아침에는 그나마 다행이다 싶었다. 누나가 동트기 훨씬 전부터 분쟁 지역 점령하듯 화장실을 차지해 몇 시간이나 죽치고 있었기 때문이다. 기다란 머리카락 한 올 한 올의 이름을 불러 주고, 애정을 표시하고, 기분이 어떠냐고 정답게 묻고, 입욕과 샤워를 여덟아홉 번씩 번갈아 하면서, 아버지가 두 번이나 수리해야 할 정도로 맹렬하게 문을 쾅쾅대는 남자 형제들에게 무시무시한 저주를 퍼부었다. 우리는 목욕재계할 시간을 잠깐만 달라고 더없이 공손하고 정중한 말투로 애원하고, 기어들어 가는 목소리로 부탁해도, 가장 망측하고 저속한 욕을 들으며 거절당하기 일쑤였다. 그래 놓고 우리는 곧 미사에 가서 차분히 자리에 앉은 채 만물의 근원, 심지어 우리 누나의 근원에 계신 상상조차 할 수 없는 자비를 묵상할 터였다.

간혹 우리가 아주 잠깐이라도 샤워를 하려고 누나보다 먼저 화장실에 들어갈 틈을 노리면, 앙심을 품은 누나는 뜨거운 물로 우리 껍데기를 벗기려고 주방 수도꼭지를 틀었다. 하지만 대체로 우리는 최대한 끝까지 침대에서 뒹굴다가 옷을 대충 걸치고 남은 토스트 부스러기라도 먹으려고 아래층으로 우르르 내려가곤 했다. 묽은 올리브오일에 절여진 청어 통조림처럼 아버지 손에 밀려 차에 꽉꽉 채워지기 전에. 아버지는 늘 재미도 우리 믹넷동생을 차 지붕에 묶고 싶어 했다. **토미를 차 지붕에 묶을 게 아니라면 스키걸이가 무슨 필요가 있겠냐**면서.

토미도 원하고 우리 모두가 원했지만 어머니는 원하지 않았고 우리 누나는 아직 화장실에서 마지막으로 신비의 연고와 물약을 바르고 있었기 때문에 이 일에 전혀 관여하지 않았다. 우리 가족이 주일 미사에 갈 때마다 아버지는 우리가 진짜로 누나를 두고 출발할 거라는 경고로 처음에는 차에 시동을 걸었고, 다음에는 차를 돌렸고, 세 번째로는 경적을 울렸고, 그 다음에는 최후통첩으로 차를 조금씩 앞으로 움직였다. 이때쯤이면 누나는 향기로운 하르피이아*처럼, 화장품 냄새와 껄렁한 태도를 폴폴 풍기며 집에서 뛰어나오곤 했다.

오랫동안 위층에서 함께 생활한 우리 삼형제는 낡은 거울 앞에서 함께 옷을 입었다. 어머니가 우리 입으라고 꺼내 놓은 정장이었다. 미사와 결혼식과 경야 때만 입는 정장이었기에 우리는 신성한 옷감으로 만들어진 옷처럼 취급했다. 증기다리미의 온기가 여전히 남아 있던 매끈한 흰 셔츠, 아버지(두꺼운 넥타이)와 형(얇은 넥타이)이 물려준 다양한 색의 넥타이, 입김과 형의 양말로 닦은 검정 구두, 미국의 모든 남자아이가 태어나면

---

* 여자의 머리와 몸에 새의 날개와 날카로운 발톱을 지닌 그리스 신화 속 괴물. — 옮긴이 주

서부터 갖고 있었을 실용적이고 멋없는 검정 벨트, 어머니의 분부로 우리 집안의 남자들이라면 다 챙겨 다녀야 했던 빳빳하게 다림질된 흰 손수건. 어머니는 우리를 더러운 세상으로 내보내기 전에 현관 옆에다 똑바로 줄을 세워 놓고 깨끗한 손수건을 챙겼는지 확인했다. 샤워는 애당초 계획에 없었고, 누나가 화요일부터 화장실에서 캠핑을 하는 상황에서 우리는 제멋대로 뻗친 부스스한 머리털을 가라앉히기 위해 할 수 있는 일은 다한 셈이었다. 이제야 고백하지만, 우리는 하느님께서 우리에게 주신, 음식을 섭취하고 제대로 소화시키는 데 없어서는 안 될 경이로운 소화액의 일종인 침으로 막냇동생의 머리를 길들였다.

미사에 가기 위해 차려입는 데는 시간이 걸렸다. 우리의 가없은 어머니는 여러 시간 동안 무엇이든 눈에 보이는 족족 다림질하여 우리를 사람들 앞에 내놓을 준비를 시켰다. 사실 우리는 그런 관습에 대해 투덜대고 구시렁대며 불평하고, 프로 축구 선수들처럼 징징대고 끙끙대던 시절이 있었다. 나 역시 미사에 참석할 때 최고로 좋은 옷을 차려입는 습관은 버린 지 오래지만, 가끔은 좀 차려입어야 하는 건 아닌가 하는 생각이

든다. 추억 때문은 아니고, 서핑 반바지를 입은 청년에게 분위기 파악 좀 하라고 눈치를 주려는 것도 아니다. 아니, 그런 관습은 존중, 겸손, 의례, 경의와 설명하기 힘든 관계가 있다. 어릴 때 나는 미사에 가려고 차려입는 것이 우스꽝스럽고 쓸데없는 공연 예술이라고 생각했다. 이제는 그것이 경외감 같은 것을 몸으로 표현하는 행위가 아닌가 생각한다. 인생의 중요한 순간들을 위해 우리는 찬찬히 신중히 준비하여, 번듯하고 어엿하고 그럴듯한 모습을 내놓는다. 아직 우리가 꼭 들어맞는 단어를 찾지 못한 대상을 말하는 한 가지 수단으로.

스카풀라에 관하여

우리 할머니가 착용하셨다. 내 사랑하는 아내도 착용한다. 나는 셔츠 주머니에 넣어 다닌다. 한때 그것은 가톨릭 세계 어디서나 볼 수 있었다. 이모와 삼촌의 목, 제의실과 탈의실에서 셔츠를 갈아입는 남자들의 목에도 매달려 있고, 경야, 철야 기도, 고인과의 대면 때 반짝이는 관 속에 누워 있는 남녀의 가슴에도 걸려 있을 만큼 흔했다. 하지만 예쁘고 참하고 순수한 그 물건은 물론이고 이제는 **스카풀라**라는 단어조차 희귀해졌다. 그러니 잠시 스카풀라를 기리고 우러르는 시간을 갖자. 스카풀라는 마주칠 때마다 나를 감동시키는 작고 오묘하고 향긋한 영적 속삭임이다.

그 역사는 수도복으로 거슬러 올라간다. 오늘날까지도 많은 수사와 수녀들은 수도자 스카풀라라는, 앞과 뒤로 내려뜨린 좁은 판초 같은 옷을 입는다. 시토 수도회의 내 친구들은 스카풀라를 자주 입는데, 수도원의 제본소, 주방, 목공소에서 작업할 때 사실상 앞치마 같은 역할을 한다. 평신도들이 걸치는 훨씬 작은 스카풀라(주로 천으로 만든 우표 크기의 네모 두 개를 줄로 연결해 가슴과 등으로 늘어뜨린다)는 아마도 수도원, 대수도원, 수도회 등에 소속되었음을 나타내는 표시로 시작되었을 것이다. 당신이 트라피스트회 수사가 아니더라도 그곳에 소속된 훌륭한 남자들을 존경한다면, 증언과 기도의 행위로서 존경의 표시인 스카풀라를 착용한다. 스카풀라는 대개 다섯 가지 색 중 하나인데, 각각의 색은 특별한 봉헌이나 특정 성인과 관계가 있다. 내 사랑하는 아내는 날마다 가르멜산의 복되신 동정마리아를 착용하고 다닌다. 아내와 성모님은 둘 다 은총과 용기의 어머니이자 여성으로서, 막역한 친구 사이이기 때문이다. 나는 이 스카풀라가 나와 결혼한 여자를 장식하지 않는 드문 순간마다 그것을 들여다보며 특별한 기쁨을 느낀다. 이스라엘에 있는 가르멜산이 히브리어로 '하느님의 포도밭'이라 불리며, 그리스도교 신앙뿐만 아니라 바하이교˚, 유대교, 이슬람교의 성지라는 사실이 마음에 든다. 정말로 그곳은 그런 종교들이 존재하기 훨씬 전부터 신성한 장소로 여겨졌다. 그렇게 생각하면 기분이 좋아진다. 신성함은 어떤 종교보다 더 크며, 어떤 종교나 사람, 종파, 종도 신성한 것을 소유하거나 통제하거나 요구할 수 없다는 뜻이기 때문이다.

우리의 풍부한 상상력조차 미치지 못하는 거룩함이 있고, 무수한 종교와 신앙과 전통이 있으며, 각각은 이 세상에서 거룩함이라는 선물을 증언하고 찬양하고 찬미하기 위해 최선을 다한다. 여러 종교가 그 거룩함을 증언하고 찬양하고 찬미하는 한 가지 방법은 천과 금속과 나무, 유리와 돌과 조개껍데기, 종이와 연기, 물과 포도주 같은 하찮은 상징을 이용하는 것이다. 우리가 하고 걸치고 만질 수 있는 작은 물건들, 묵주알과 성인의 얼굴이 새겨진 메달, 성배와 성체, 기도서와 유골, 십자고상과 십자가, 미사보와 스카풀라……. 그것들을 종교적 광기나 단순한 미신이라 비웃는 것이 얼마나 쉬운지 모른다. 하

˚ 19세기에 이란과 중동 일대에서 바하올라가 창시한 종교로, 모든 종교의 근원이 하나이고 모든 인류는 한 겨레라고 가르친다. ― 옮긴이 주

지만 우리가 날마다 만지고 보고 냄새 맡을 수 있는 그것들을 보며, 우리의 보잘것없는 감각을 훌쩍 뛰어넘는 것을 떠올린다는 것은 얼마나 전통적이고 인간적이고 겸손한가. 우리의 눈이 뜨여 있고 우리의 정신이 또렷하다면, 우리는 가장 놀라운 풍요로움, 아기와 곰, 나무와 상냥함, 물과 웃음, 용서와 자비, 우리가 숨 쉬는 바로 그 공기, 우리가 숨 쉬는 바로 그 폐를 실컷 누리면서 어디서나 신성함의 증거를 보고 듣고 만질 수 있다. 한마디로 우리는 손끝의 지문을 보고, 메아리를 듣고, 자취, 흔적, 징후를 따라갈 수 있다. 그 다음에는 경외심 비슷한 것을 품고, 묵주와 스카풀라 같은 평범한 물건을 만지작거리며, 감사하는 마음을 말하고 노래하고 외칠 수 있다. 그 다음에는 스카풀라를 셔츠 속으로 살며시 집어넣고, 가장 관대하고 풍족하고 헤아리기 어려운 사랑이 우리에게 주신 다음번 거룩한 시간으로 나아간다.

새끼 토끼

 개가 어린 토끼를 잡아 죽이면 우리는 아이들에게 그것이 개의 본능이라고 설명한다. 개는 원래 그런 거라고, 개를 나무랄 일이 아니라고 한다. 수백만 년 동안 그렇게 길들여졌으니까. 생존 본능, 먹이 반응, 냄새 추적일 뿐이니까. 예로부터 갯과와 토낏과의 관계는 늘 그랬다. 서로를 예민하게 의식한다. 토끼는 갯과 동물의 위협 때문에 한 배에 많은 새끼를 낳는 쪽으로 진화했을 것이다. 갯과는 고양잇과와도 조상이 같다. 그러므로 개와 고양이 사이의 해묵은 반목은, 같은 대상과 영감을 믿는다는 종교들이 서로에게 품는 이상하고 터무니없는 증오와 같다. 너무 시시콜콜한 정보인가? 나는 갈가리 찢긴 피투성이 토끼를 보고 느낀 충격을 가라앉히려 애쓰고 있는 중이다. 기껏해야 내 주먹만 한 크기의. 만신창이가 된 토끼. 아주 최근까지도 살아 있었고 앞날이 창창했고 조그맣고 틀림없이 사랑받았을 토끼. 어쨌든 우리가 잘 알지 못하는 생물들에게도 사랑 같은 단어를 쓸 수 있다면 말이다. 우리는 토끼의 생활 형태와 방식과 속도와 리듬과 외형에 대해 많은 것을 알고 있지만, 토끼의 진짜 삶, 내면의 삶, 감정적 삶, 정신적 삶, 사색, 우리의 능력을 훌쩍 뛰어넘는 탁월한 감각에 대해서도 안다고 할 수 있을까? 우리는 바로 이 토끼에게 아빠와 엄마, 그리고 거의 틀림없이 형제자매가 있다고 말할 수 있다. 이 문제를 파헤칠 작정이라면 가시에 찔릴 각오를 단단히 하고 블랙베리 덤불에서 이 토끼가 태어난 보금자리를 찾아볼 수 있다. 배설물과 보금자리의 구조, 마른 잎의 잔재, 털 부스러기 등을 살펴볼 수도 있다. 유난히 운이 좋거나 끈기가 있다면 이 핵가족의 다른 구성원들, 인근에 모여 사는 대가족을 발견할지도 모른다. 그래도 우리는 여전히 그 삶의 일부밖에 알 수 없다. 비록 토끼들이 울타리에서 1.5m, 피크닉 테이블에서 3m, 이 아기 토끼의 죽음이 시작된 현관에서 불과 4.5m 떨어진 곳에 산다 해도.

  땅에 묻을까? 그러자. 토끼는 맛있으니까 먹을 수도 있겠지만. 맞다, 농담이었다. 살점이 거의 남지 않아 수술하듯 꼼꼼하게 발라내야 할 판이다. 아니, 개가 먹어 치우도록 내버려 두지는 않을 것이다. 결국 개가 사냥했으니 개에게 먹을 권리를 주는 것이 원칙이지만. 고대의 관습에 따르면 죽인 자가 죽은 자의 시체를 얻는다. 그래서 아킬레스와 헥토르는 트로이의 성문에 걸렸다. 아킬레스가 누구냐고? 그는…… 그 이야기는 나중에 해 주겠다. 아니, 우리는 개가 토끼를 먹도록 두지 않을 것이다. 부족하나마 존중의 뜻으로 토끼를 매장할 것이다. 흙에서 난 것을 흙으로 돌려보내는 경건한 몸짓으로. 엄마 토끼와 아빠 토끼는 흙에서 자란 것을 먹고, 흙속을 흐르는 물을 마셔, 그 영양분으로 몸을 살찌웠다. 거기서 이 토끼가 나왔으므로 그 몸은 실제로 풀과 잎과 꽃과 토끼풀과 나무껍질과 새싹과 빗물과 햇빛과 진흙으로 이루어진 셈이다. 이 토끼의 죽음은 이 넓은 세상과 수백만의 다른 세상은 접어 두고 이 시간에 이 마당에서 일어난 많은 죽음 가운데 하나일 뿐이라는 것을 우리는 잘 알고 있다. 그래, 토끼 행성이 있을 수도 있다. 절대 불가능한 일이 아니다. 토끼가 개를 잡아먹는 행성도 있을까? 그렇다. 뭔가가 불가능하다고 말하는 사람은 오만하다. 확신할 수 있는 단 한 가지는 형태가 변화해도 에너지는 지속된다는 것이다. 그래서 당신은 정말로 토끼, 개, 블랙베리 덤불, 포위된 도시의 성벽에서 흐느끼는 아버지, 갈가리 찢긴 조그만 토끼 주위에 옹기종기 모였다가, 울타리 밖에 구덩이를 파고, 토끼를 그것이 나온 흙으로 돌려보내는 아이들의 얼굴에 드러난 호기심 어린 고통을 발코니에서 지켜보며 먹먹함과 뭉클함을 느끼는 아버지가 될 수 있다. 아멘.

4장

잊지 못할
순간

힘든
일이니까요

며칠 전 수도원에 갔다가 수사님 한 분과 이야기를 나누게 되었다. 그분께 어쩌다 수사가 되었는지, 외로움을 안고 살아야 하는 삶에 자진하여 뛰어든 이유가 무엇인지, 그 누구도 증명하거나 규정할 수 없는 관념에 헌신하게 된 이유가 무엇인지, 설거지와 풀베기와 남의 고통에 귀 기울이기와 성전에서 성가 부르기 같은 노동을 무엇보다 가치 있는 일이라 믿고 여러 해 동안 꾸역꾸역 해내는 이유가 무엇인지를 묻자, 그분은 그것이 힘든 일이기 때문이라고 대답했다.

나는 적잖이 당황했다. 누가 들어도 당황스러운 대답 아닐까. 힘들기 때문에 그런 일을 한다며 해맑게 웃는 사람이 어디

흔할까. 하지만 그분은 미소를 머금은 채 그 대답을 반복하더니 한참이나 그 이유를 설명했다. 처음에는 적절한 단어를 고르는 듯 머뭇거리다가 이윽고 오랫동안 고여 있던 봇물을 터뜨린 듯 멋진 말을 쏟아 내기 시작했다.

이 일을 잘 해내기는커녕 그냥저냥 해내는 것조차 버거우니까요. 오랜 세월, 어쩌면 평생을 감당할 수 있을지 확신이 없기 때문이에요. 그래도 그런 생각은 하고 싶지 않네요. 한 주에 한 번씩 괜찮은 수사가 되겠다고 다짐합니다. 산책이 꽤 도움이 되더군요. 새들도요. 이곳에 눌러사는 왜가리 한 마리가 얼마나 큰 힘이 되는지 모릅니다. 왜가리가 절실히 필요한 순간이면 암컷인지 수컷인지 알 수 없는 그 녀석이 갈대 옆에 떡하니 서 있곤 해요. 그렇다 보니 새들 역시 불가사의한 방식으로 신앙의 영역에 속하는 존재라는 생각이 들더군요. 평생을 관찰해도 새들이 주는 경이로움은 끝나지 않을 거예요. 이곳엔 제비도 많답니다. 절묘한 비행 실력을 뽐내는 제비들을 지켜보고 있으면 몇 시간은 순식간에 지나가 버리죠. 공중을 날면서도 얼마나 귀엽게 재잘대며 수다를 떠는지 몰라요. 참으로 눈부신 존재들이죠. 풋내기 수사였던 시절에, 한 마리를 애완동물 삼아 키우고 싶어서 사다리를 세워 놓고 둥지까지 올라간 적이 있어요. 하지만 불쑥 나타난 제 모습을 보고 잔뜩 겁을 먹는 어미와 새끼 제비들을 보니 둥지로 손을 뻗어 한 마리를 훔치는 짓은 도저히 못하겠더군요. 그냥 사다리를 내려와 성전으로 돌아가는 수밖에 없었어요.

그분이 말을 이었다. 제가 수사가 된 이유는 수사가 되어야 제가 제대로 쓰일 것 같아서예요. 이상한 소리 같나요? 좀 교만하게 들릴 수도 있겠네요. 잘난 척할 생각은 없는데 말이죠. 저는 도구가 되고 싶습니다. 수염 난 삽 같은 존재가 되고 싶어요. 겸허하고 신실하게 살 수 있다면, 맡은 일을 제대로, 멋지게 해낼 수 있다면 그걸로 만족합니다. 더 이상 바랄 나위가 없어요. 어린이들이랑 이야기를 나누다 보면 이런 질문을 받곤 해요. 수사님, 제가 착한 일을 많이 하고 다른 사람들도 착한 일을 하면, 선이 차곡차곡 쌓이겠죠? 그러면 결국 선이 악을 이기는 거죠? 저는 그렇다고 대답을 못 하겠더군요. 그런 문제는 깊이 고민하고 싶지 않아요. 사실 제가 신학에는 별로 관심이 없습니다. 신학에서는 이해할 수 없는 대상을 이해하려 한다는 생각이 들어서요. 제가 하는 일이 의미 있기를 바라는 이유는 설명하기 어렵네요. 저야 뭐, 잘하든 못하든 주어진 일을 할 뿐이죠. 설령 진득하고 깔끔하게 해내지 못하더라도요. 확실히 정성껏, 꾸준히, 편안히 일하면 훨씬 신이 나더군요. 저는 풀베는 일을 좋아합니다. 이따금씩 풀, 언덕, 풀밭에 사는 생물들, 저의 팔다리, 등과 교감을 나누는 기분이 들거든요. 그 모든 존재와 말없이 가볍고도 속 깊은 대화를 나누는 느낌이라고 할까요? 제 말뜻 이해하시겠어요?

무슨 말씀이신지 알 듯 하네요. 내가 대답했다. 제게는 아이들과 매력 있고 우아하고 신비로운 아내가 있는데, 우리 가족이 한 손에 붙은 다섯 손가락 같을 때가 있거든요. 글을 쓸 때도 가끔 그런 경험을 합니다. 지면과 제 손가락, 제 꿈이 한 시간 내내 하나가 된 듯한 기분을 느끼죠. 참 놀라운 경험이에요.

네, 맞습니다. 저도 **그래서** 수사가 되었죠. 수사가 되면 거대한 음악을 이루는 음표가 될 수 있을 거라고 생각했어요. 사실 저는 어떤 직업이든 가질 수 있고 어떤 사람이든 될 수 있었습니다. 운 좋게 유복한 어린 시절을 보냈고 훌륭한 교육을 받았지요. 여인들을 사랑하고 여인들에게 사랑받았어요. 행복을 얻고 소망을 이룰 방법은 얼마든지 있었죠. 하지만 가장 잘 쓰이기 위해서는 하기 힘든 일에 최선을 다해야 한다는 것을 알고 있었습니다.

참 좋은 말씀이네요. 내가 말했다.

이렇게 말하고 보니 제가 꽤 괜찮은 수사 같네요. 그분이 다시 빙그레 웃었다. 이제 가 봐야겠습니다. 잠깐이지만 형제님과 이야기를 나눈 시간이 참 유익했어요. 이제 저는 부엌 청소를 해야 합니다. 수요일마다 부엌을 반짝반짝하게 닦는 것이 제 역할이거든요. 내일 다른 분들보다 조금 일찍 내려오셔서 제가 몇 시간 동안 수사 노릇을 얼마나 열심히 했는지 봐주시겠어요? 편히 주무세요. 새벽 네 시부터 새들이 지저귀기 시작한답니다. 휘파람새가 가장 부지런하다고 알고 있지만, 뭐, 제가 틀렸을 수도 있죠. 더 훌륭한 수사라면 잘 알겠지만 제가 아직 그 분야에 조금 약해서요.

신입생 때
외로우셨나요?

한 남학생이 내게 묻는다. 대학 신입생 시절에 외로웠냐고. 그 말을 듣자 어느새 나는 낡은 건물의 좁은 방에 놓인 이층 침대 아래 칸으로 돌아가 있다. 위 칸에서는 룸메이트가 코를 골고 있다. 얼굴 보기도 힘들고 별로 친하지도 않았던 룸메이트와는 어쩌다 대화를 시도해도 의기투합할 수 있는 화젯거리를 찾기 어려웠다. 그나마 우리의 공통된 관심사인 농구 덕분에 그 친구에게 **안녕, 이따 봐** 따위의 인사치레만 건네며 일 년을 보내지는 않았다. 그는 여느 남학생들처럼 너무 소심해서 더 요란하고 야단스럽고 엉뚱하고 경망스럽게 굴었다. 오로지 소심하지 않다는 것을 증명하기 위해서였다. 예나 지금이나 남학생들은 늘 그런 식이다. 안타깝게도 내가 아는 남자 중에는 그 룸메이트 같은 허세를 끝내 버리지 못한 친구가 몇 명 있다.

대학 1학년 때 내가 외로웠었나? 그랬다, 얼마간은. 아니, 한동안은. 아니, 대부분은. 처음에는 분명히 그랬다. 그러다 다행히도 나랑 유머 코드가 맞고, 나를 보고 진심으로 웃어 주고, 새 생활에 적응하는 데 어려움을 겪던 내가 자기들 방에 슬며시 찾아가도 싫은 티를 내지 않는 친구들을 만났다. 그러다 나랑 같은 수업을 듣게 된 친구 한두 명, 나와 비슷한 시간에 밥을 먹는 친구 두세 명과 함께 구석 자리 테이블을 차지하기 시작했다. 다음으로는 나와는 달리 이미 적응을 완료한 듯, 식당 건너편에서 왁자지껄하게 웃고 떠드는 무리를 노렸다.

감사하게도 내게는 항상 농구가 있었다. 함께 농구 한 게임을 끝내고 나서 **좋은 경기였다**며 인사와 악수를 나누면, 다음에 그 친구가 나를 보고 알은체를 하며 자기 팀에 끼워 주곤 했다. 그렇게 안면을 튼 또 다른 아이들과 알은체를 하고 **좋은 경기였다**고 인사를 나누면서 **내일은 네 시에 게임을 하자**고 약속을 정하는 식이었다.

그리고 나는 설거지하는 일자리를 구했다. 인사를 하고 지내는 남학생과 여학생이 더 많아졌다는 뜻이었다. 그 친구들은 눈인사를 하고 미소를 지으며 **내일 나 대신 일 좀 해 줄 수 있니, 우리는 게임 끝나고 파티 할 건데**라며 말을 걸어왔다. 수업 후에도 여기저기서 남학생과 여학생들이 **안녕, 우리 내일 같이 공부할 건데 너도 올래?** 같은 말을 하며 다가왔다.

그리고 마침내 룸메이트가 내 머리 위에서 코를 골던 어느 날 밤, 잠들지 못하고 누워 있던 나는 외로움이 사라졌음을 깨달았다. 내가 안 보는 사이에 외로움은 물러갔다. 다른 친구들이 몰아낸 것이었다. 입학 후 처음 몇 주는 누구든지 나만큼이나 외로움을 두려워한다는 것을 나는 어렴풋이 느끼기 시작했다. 그리고 살면서 처음으로 나는 도도한 아이도, 당당한 아이도, 건방지고 거만한 녀석도 없다는 것을 알게 되었다. 외로움이 두려워 외롭지 않은 척하려고 온갖 방법으로 까불고 설치는 아이들만 있을 뿐이었다. 그리고 우리가 성숙이라는 단어를 어떤 의미로 사용하든 바로 그런 순간, 마침내 설치고 까부는 데 싫증이 나서 그런 짓을 멈추는 순간을 의미하는 것이라고 이해하기 시작했다.

대학 1학년 때 외로웠냐고? 그랬다, 한없이 외로웠다. 하지만 그때 이후로 처절하게 외롭다고 생각한 적은 없다. 다른 사람들도 전부 외로움을 두려워한다는 것을 알게 되었으니까. 일단 그런 사실을 이해하면, 사람들이 가면과 변장과 연극 뒤에 숨어 있다고 분명히 말할 수 있다. 외로움을 극복하는 것은 평생의 과제가 틀림없다. 만약 인간의 창조적인 노력을 기특하게 여기는 자비로운 섭리가 있다면, 졸린 아이에게 매일 밤 한 가지씩 이야기를 들려주듯 그분께 하나 이상, 하나보다 훨씬 많이, 어쩌면 영원한 단 하나를 여러 챕터로 나누어 들려 드려야 할지도 모른다.

벨로키랍토르의
죽음

 오늘의 뉴스. 자기 영역 내의 작은 동물들을 포획하여 훼손하는 일에 항상 적극적이고 무자비했던 우리 집 늑대가 오늘 아침 느닷없이 위협적으로 소리 없이 사나운 투석기처럼 발코니에서 뛰어내렸다. 그리고 두 걸음 성큼 나아가더니 풀밭에서 무언가를 물어 죽였다. 이 모든 일은 이 문장을 쓰거나 읽는 시간보다 훨씬 짧은 시간 안에 발생했다. 나는 커피포트를 든 채 그 자리에서 서서 질겁하고 경악하면서 희생자에게 호기심과 동정심을 느꼈다(누구나 갑작스럽고 고통스러운 죽음이 예고 없이 찾아올까 봐 남몰래 두려워한 적이 있지 않을까?). 그러면서 이번에는 부디 숲쥐가 아니기를 바랐다. 숲쥐라면 아들 하나를 내보내 다른 가족들 눈에 띄기 전에 그 가엾은 숲쥐의 너덜너덜한 시체를 파묻어야 한다는 뜻이었다.

녀석이 숲쥐 여러 마리를 죽인 전력은 있지만, 그것은 숲쥐가 아니었고, 녀석이 두더지 여러 마리를 죽인 전력도 있지만, 그것은 두더지도 아니었다. 녀석은 어떤 집단보다 다람쥐 공동체에 큰 혼란과 파괴를 일으켰지만, 그것은 청설모도 여우다람쥐도 회색다람쥐도 아니었다. 녀석은 새를 보면 느긋하게 죽일 듯 위협하는 동작을 취했지만, 그것은 까마귀도 어치도 굴뚝새도 참새도 검은눈방울새도 얼룩검은멧새도 아니었다. 녀석이 땃쥐쯤은 우습게 잡아먹을 수 있다고 확신하지만, 그것은 땃쥐도 아니었다. 다들 우리 집 늑대와 싸우면 질 거라는데 거금을 걸 용의가 있지만 그것은 여우도 너구리도 코요테도 아니었다. 아니, 그것은 풀밭에서 찢어발겨진 상태로 발견될 거라고는 도저히 기대할 수 없는, 공룡이었다.

공룡치고는 작은 공룡이었다. 하지만 공룡이 번성하던 시대에는 절대다수가 소형이어서, 덤불 속에 살거나 오늘날의 작은 나무만큼 키가 컸을 양치류의 밀림에 몸을 숨겼을 것이다. 그것은 플라스틱이었지만, 개나 아이 같은 것들이 등장하기 한참 전인 공룡의 전성기에는 대부분의 공룡이 플라스틱 재질이 아니었을 것이다. 그리고 그것은, 훼손되기 전에는, 지금 집에서 자고 있는 남자아이 하나나 둘에게 사랑받는 친구였을 것이다. 하지만 그 남자아이들은 이제 스무 살이라, 작은 공룡보다는 아가씨와 자동차와 기말 시험에 정신이 팔려 있을 터였다. 그 아이들이 공룡과 플라스틱 우주 비행사, 조그만 녹색 병사, 온갖 종류와 형태와 무늬의 신기한 모형에 푹 빠져 있던 시절도 분명히 있었지만. 아이들은 이야기를 지어내면서 한 번에 몇 시간이나 그것들을 갖고 놀았다. 나는 가만히 앉아 그 길고 복잡한 이야기에 감탄하며 귀를 기울였다. 내 어린 아들들이 어린 혀로 즉석에서 지어내고 해설을 덧붙이는 놀랍도록 창의적인 이야기에, 아이들의 들뜨고 궁금한 손이 무엇을 하는지에, 자유롭고 말랑한 두뇌에 곧바로 이야기를 전달하는 마법 같은 손의 재빠른 기쁨에. 커피포트를 들고 현관에 서서 아이들의 오랜 친구인 녹색 플라스틱 벨로키랍토르의 파편을 응시하며 나는 그 시절이 그립다는 생각을 했다. 아이들은 바닥에 엎드려 있고, 나는 책을 읽거나, 청구서를 정산하거나, 경기를 보는 척하면서, 의자에 기대 있지만 실제로는 경이로움과 애정을 느끼며, 귀를 기울이던 시절이. 내 아들들이 손으로 직접 세상을 쓰고, 가볍고 맑은 기쁨을 담아 소리 내어 말하던 순간을.

앤젤린

 내 사랑하는 아내의 연로한 어머니는 세상을 떠나기 전 마지막 몇 년 동안, 건강이 서서히 나빠지는 노인들이 모여 사는 성의 작은 방에 머물렀다. 나는 토요일 오후마다 그분을 방문했다. 의무감에서가 아니라 그분의 재치와 박식, 너무나 다층적이고 오묘해서 가히 언어 예술의 한 형태라 할 만한 그분의 능수능란한 수동 공격성을 좋아했기 때문이었다. 예술가가 되는 데는 여러 방법이 있지만 그중 한 가지는 자신이 한 말과 반대의 것을 말하는 재주를 갖는 것이다.

 늘 그렇듯 문이 살짝 열려 있을 때도, 나는 그분의 방문을 두드렸다. 그분은 번듯한 면치레를 좋아했기 때문이다. 들어

오라는 가냘픈 목소리가 들리면, 나는 들어가서 잠시만 있다 갈 거라고 쾌활하게 선언했다. 나의 선제공격인 셈이었다. 그때부터 우리는 대화의 체스 게임을 시작했다. 내가 건강 상태를 물으면 그분은 괜찮다고 했고, 내가 그 말은 여기저기 다 아프다는 뜻이라고 하면, 그분은 여기저기 다 아픈 건 아니라고 대답했다. 이어서 우리는 그분의 길고 지긋지긋한 병세와 고통에 대해 활기차게 이야기를 나누고, 우리 몸의 어떤 부품이 가장 형편없고 초라하게 고장 나고 있는지에 대해 의견을 교환했다. 그분은 만약 그 부품들을 상점에서 샀다면 심각한 마모 속도와 조잡한 만듦새를 감안할 때 원래 가격의 세 배를 환불받아야 마땅하다고 주장했다.

그분이 만듦새라는 단어를 쓰자마자 나는 말꼬리를 물고 늘어져 우주를 탄생시킨 포스를 모욕했다고 나무랐고, 그분은 나의 비유에 충격을 받은 척하더니, 곧이어 능청스럽게 내게 미사는 잘 나가고 있냐고 물었고, 나는 능청스럽게 그분에게 고인이 된 사랑하는 남편을 만나기 전에 사귄 여러 명의 애인에 대해 물었다. 애인 한 명당 정확히 키스를 몇 번씩 했는지, 그 사악한 행위를 어디서 했는지, 그러면 그분은 네 살 배기가 킥킥거리듯이 전염성 강한 웃음을 터트렸다. 다음 화제는 문학이었지만, 먼저 그분이 일어나서 차를 끓여 주겠다는 의례적인 제안을 한 다음이었다. 나는 의례적으로 거절했지만, 그것이 나더러 일어나서 파란 단지에 담긴 쿠키를 갖다달라는 신호라는 것은 알았다. 그분은 나처럼 뚱뚱한 사람이 이런 걸 먹으면 **안** 되는데 라면서, 오늘은 긴 산책을 하기로 했다고, 자네가 돌아가고 나서 오늘 꼭 하겠다고 말했다. 매번 이렇게 금방 가 버리다니 자네는 오죽이나 바쁜 모양이라면서, 그런 와중에도 시간을 내어 이 가엾은 늙은이를 찾아와 주니 얼마나 기쁜지 모른다고 했다.

그분은 물론 산책을 가지 않았다, 절대로. 여러 번 방문한 다음에야 나는 그분이 정말로 내가 오래 머무르는 것을 원하지 않는다는 것을 깨달았다. 너무 오래 있으면 두 배우가 등장하는 짧고 흥겨운 연극의 재미가 떨어지고 약해질 것이기 때문이었다. 우리는 몇 분 간 책 이야기를 나누었다. 이 대목에서 그분은 내 기를 팍 꺾곤 했다. 앤서니 트롤럽Anthony Trollope

---

* 연작 소설 《바셋주 이야기 *The Barsetshire Chronicle*》로 유명한 19세기 영국의 소설가. — 옮긴이 주

의 책을 전부 읽은 데다 내용을 다 기억하고 있었기 때문이다. 대단한 독서가라는 뜻이지만, 의외로 시에는 약했다. 내가 궁지에 몰리고 있다고 느끼면 나는 그 약점을 이용했다. 그분이 내게 에드워드 기번Edward Gibbon에 대해 자세히 물으면 나는 능청스럽게 엘라 휠러 윌콕스Ella Wheeler Wilcox나 앨프리드 마마두케 호비Alfred Marmaduke Hobby 이야기를 꺼내면서 당신이 사랑한 19세기 시인들은 왜 이름이 셋인지, 그 시대에 무슨 일이 있었는지 물었고, 그분은 킥킥거렸다(이번에도 요란하게 킥킥거렸다). 그즈음이면 내가 떠나야 할 시간이 되었다.

내가 일어나도 그분은 일어나지 않았다. 그분은 늙었고 독서용 의자라는 부드러운 왕좌에 살기 때문이다. 나는 포옹이나 입맞춤 대신 손을 아래로 뻗어 잠시 그분의 얼굴을 감싼 다음 그곳을 나섰다. 내가 나가는 동안에도 우리는 우스갯소리를 주고받았다. 우스갯소리는 우리의 언어, 말하지 않고 말하는 수단이었으니까.

그리고 오늘 같은 토요일 아침, 그분이 돌아가신 후 많은 토요일 아침이 그랬듯 나는 그 우스갯소리가 그립다. 내가 문 앞으로 다가가며 쿠키를 더 갖다드릴지 물으면 그분은 이렇게 뚱뚱한 사람한테! 라고 대꾸했다. 이따금씩 나는 바로 그 말을 하는 그분의 목소리를 옆방에서 간절히 듣고 싶어진다.

하고 싶은 말을 하면서 우리가 무엇을 의미하는지 말하지 않는 방법

최근에 나는 우리가 하고 싶은 말을 하면서 무엇을 의미하는지 말하지 않는 방법에 그 어느 때보다 골몰하고 있다. 우리는 온갖 암호와 단서, 실마리와 암시, 신호와 부호를 사용한다. 심지어 **예**와 **아니오** 같은 가장 직설적이고 간결한 말조차, 긍정이나 부정을 전혀 의미하지 않고 오히려 협상의 통로를 암시하거나, 과거의 사건이나 토론과 관련된 묵직한 메시지를 전달하거나, 지금 논의 중인 문제와 전혀 다른 중요한 문제에 대해 논평하려는 의도를 담을 수 있다. 따라서, 이를테면, 차분한 **아니오**와 요란한 **아니오**의 의미가 다르고, 웅얼거리는 **예**와 속삭이는 **예**의 의미가 다른 식이다. 이 정도는 신체 언어,

얼굴 표정, 눈썹 치켜올리기, 불쾌감의 비율, 즐거움의 양, 또는 일부 남성들이 태도로 전하는 의사에 비하면 대단치 않다. 듣기 싫거나 대꾸하기 싫거나 끌려 들어가기 싫은 소리를 들었을 때 잘 안 들리는 척하는 것은 주로 남성들이다. 알고 보면 잘 들리지 않는 척하는 것은 단어를 사용할 필요 없이 뭔가를 말하는 방법일 때가 있다. 단어는 오해받거나, 잘못 이해되거나, 잘못 쓰이거나, 아예 빈약한 경우가 아주 흔하기 때문이다.

우리는 별로 하고 싶지 않다는 뜻으로 '예'라고 말한다. **우리는 항상 '예'라고만 하는 것은 형편없는 짓이라고 밝혀지지 않은 한 '예'라고 말하겠다**라는 의미로 '아니오'라고 말한다. 온몸의 모든 세포가 **제발 그렇게 해 주세요**라고 신음할 때 우리는 '고맙지만 됐어요'라고 말한다. 우리는 **사실은 할 수 있지만 절대 해서는 안 된다**라는 뜻으로 **너는 못해**라고 말한다. 우리는 질문하는 사람을 똑바로 보며 아무 말도 하지 않는 방법으로 '아니'라고 말한다. 같은 방법으로 질문을 던질 수도 있다.

나는 언어가 명사가 아닌 동사라는 데 흥미를 느낀다. 나는 언어가 고정 상태가 아닌 과정이라는 데 매력을 느낀다. 나는 우리 모두가 같은 언어를 쓰지만 언어를 쓰는 사람의 수만큼 다양한 어조와 음색과 음량과 음성과 발음과 억양과 강세를 사용하여 언어를 변형한다는 데 매료되었다. 어쩌면 우리 모두는 서로에게 같은 단어를 사용하는 듯이 보여도 조금씩 다른 언어를 말하는지도 모른다. 아마 모든 언어가 이와 같을 것이다. 내가 아는 언어는 하나뿐이고, 이렇게 오랜 세월 사용해 왔는데도 별로 잘하지는 못하지만. 두세 살 때부터 언어 속에서 헤엄치고 몸부림치고 노래했고, 주방에서 사람들을 돌아보게 하거나 웃게 하거나 가끔 샌드위치와 키스를 얻어 내거나 내 방으로 보내지는 법을 배웠고, 네다섯 살 때부터 글자를 골라 한 데 모으고 행진하게 하고 지면에 쏟아 부어 나의 열렬한 꿈을 형성하는 법을 즐겼다.

아마도 언어는 우리가 특별히 의식하지 못하는 방식으로 우리를 이용할 것이다. 아마도 언어는 우리처럼 언어를 말해 줄 사람이 필요하다는 것을 알고 있을 것이다. 써 주는 사람이 없으면 언어는 아마도 바위와 늙은 나무들을 제외한 모두에게 잊힌 채 어둠 속으로 사라지고 있을 것이다. 아마도 언어는 스스로 만들어진 후에 써 줄 사람들을 찾아나서야 했을 것이다. 아마도 보는 언어는 곤충과 동물의 음악과 식물 사이로

부는 바람의 음악에서 시작되었을 것이다. 아마도 언어는 개울과 강의 소리와 파도의 철썩임과 물결의 속삭임에서 시작되었을 것이다. 그 오랜 세월이 지난 지금도, 우리가 말을 하려고 입을 열면, 의미와 감각과 이성과 명석함이 아니라 우리의 가장 심오한 이해력을 뛰어넘는 야생 세계의 무언가가 튀어나온다. 아마도 우리가 하려는 말을 하지 않을 때가 그토록 많은 이유는 할 수 없기 때문일 것이다. 아직 우리 안에는 야생이 있고 모든 단어와 문장과 발언에는 우리가 나온 곳, 우리가 돌아갈 곳인 바다가 출렁거린다. 우리가 하려는 말이라고 생각하는 것을 아무리 열심히 의미하려 해도 결코 그 의미를 완전히 구속하거나 가두거나 분석할 수 없는 이유는 그 때문이다.

샌들러 오닐의 아이들

  2001년 9월 11일 오전, 투자 금융 회사 샌들러 오닐 앤드 파트너스의 직원 83명이 세계 무역 센터 남쪽 타워 104층 사무실에서 일하고 있었다. 그 가운데 66명의 남녀가 납치한 항공기로 타워를 들이받아 무너뜨린 테러리스트들에게 목숨을 잃었다. 그 66명의 남녀에게는 76명의 자녀가 있었다.

  9월 11일 이후의 참담한 시기에 샌들러 오닐의 생존한 동업자들은 몇 가지 흥미로운 결정을 내렸다. 그중에는 분노와 의무와 저항심을 밑거름 삼아 내린 결정도 있었다. 어쩌면 그것은 일종의 격렬하고 집요하고 억제할 수 없는 기도였는지도 모른다. 살해된 직원의 가족과 관계된 결정도 있었다. 사망했지만 그 직원들은 연말까지 상여금을 포함한 급여를 전부 지급받았고 그 가족들은 이후 10년 간 고용인의 복리 후생을 완전히 누렸다. 회사는 사망한 직원들의 모든 자녀에게 대학 등록금을 지원할 재단 설립도 도왔다.

이 마지막 결정에 매료되고 감동한 나는, 얼마 전 샌들러 오닐 재단에 전화를 걸어 그 아이들에 대한 이야기를 나눴다. 그중 당신이 알아야 할 사실 몇 가지를 공유한다. 지금까지 54명의 젊은이가 대학 등록금을 지원받았고, 앞으로 22명의 젊은이가 대학 등록금을 무료로 지원받게 된다. 재학 중이거나 졸업한 54명의 학생은 스탠퍼드와 프린스턴과 예일과 커뮤니티 칼리지와 기술대학과 포덤과 노터데임과 조지타운까지 상상할 수 있는 온갖 형태와 종류의 대학을 다녔다. 웰스 크로더 Wells Crowther의 모교인 보스턴 칼리지에 다닌 학생은 네 명이었다. 크로더는 샌들러 오닐에서 일하던 24세 직원으로 남쪽 타워에서 11명을 구해 낸 다음 다시 위층으로 올라가 더 많은 사람들을 구했지만 결국 돌아오지 못했다.

수혜자 가운데 가장 연장자는 현재 서른 살이고 가장 어린 아이는 열세 살이다. 이 막내는 2001년 9월 11일 6주 뒤에 태어났다. 그 아이가 대학을 졸업하면 샌들러 오닐 재단은 기억 속에만 존재하게 된다. 하지만 그것은 오래 남을 기억이 될 것이다.

지금은 앤디 암스트롱Andy Armstrong을 비롯한 네 사람이 재단을 관리한다. 암스트롱은 샌들러 오닐에서 일한 적은 없지만 9월 11일 이후 이 재단을 처음으로 설립한 인물 가운데 하나다. 샌들러의 생존한 동업자 지미 던Jimmy Dunne의 친구였으며, 그와 던의 다른 친구와 동료와 경쟁자들이 재단 설립에 기여했다. "우리는 사건 이후 첫 주말 즈음에 이미 정상 가동을 시작했습니다. 생존자와 가족들, 희생자의 가족들이 우리가 언제까지나 그들을 기억할 것임을 알았으면 했어요. 세월이 흘러도 이 일은 결코 잊히지 않으리라는 것을요. 이 재단을 설립하기 위해 수십 명의 사람들이 수백만 달러를 기부했습니다. 유지비 외에는 봉급도 비용도 지출하지 않는 재단이죠. 네, 저는 대학에 진학한 아이를 대부분 압니다. 몇몇 아이는 놀라운 감사 편지를 전해 왔어요. 아이들은 우리가 엄마 아빠를 이런 식으로 기억하는 것을 특히 고마워합니다. 그중에는 엄마와 아빠를 잘 알지 못하는 아이들도 많거든요."

나는 샌들러 오닐의 지미 던에게 전화를 걸어 그가 그토록 옳은 일, 관대하고 비범한 일을 지체 없이 시작했던 이유를 물었다. 그냥 적당히만 했어도 아주 수월하고 무난하고 그럴듯했을 텐데 말이다.

"일어서야 할 순간이 있었으니까요." 그가 간단히 대답했다. "그때부터 앞으로 일어날 일이 우리 직원들, 그 아이들, 그 손자 손녀들의 가족들 사이에서 백 년 동안 메아리칠 거라 믿었기 때문이죠. 첫 몇 시간, 첫 며칠 사이에 우리가 하는 행동이 우리가 누구이고 무엇을 중시하는 사람들인지 결정하리라는 것을 알았으니까요. 그때야말로 결정적인 시간이었기 때문에, 우리가 명예롭게 행동하지 않고 그냥 흘려보냈다면 결국 아무것도 해내지 못했을 겁니다. 9월 11일에 TV를 보다가 빈 라덴의 히죽거리는 얼굴을 본 순간 즉시, 확고하게, 우리는 겁먹지 않을 것이며, 사업을 접지도 **않을** 것이며, 돈을 챙겨 달아나지도 **않을** 것이며, **꼭** 살아남아 그 어느 때보다 더 강해지고, 번창하고, 명예롭게 일하면서 살아온 사람들의 본보기가 될 거라 다짐했던 기억이 납니다. 결국 그것은 존경과 존중을 담아 우리 직원들과 그 자제들을 돌보는 것을 의미하더군요. 그래서 그렇게 했을 뿐입니다."

"우리는 처음 몇 시간 안에 두 가지 중요한 결정을 내렸습니다. 첫째로, 항상 '빈 라덴은 무엇을 원할까?'를 생각한 다음 그 정반대의 행동을 하기로 결심했지요. 그는 우리를 죽이고, 겁주고, 도망쳐서 숨게 하려 했죠. 그래서 우리는 그 반대로 회사가 그 어느 때보다 잘 돌아가도록 노력했습니다. 둘째로, 우리는 성장하는 데 그치기 않고 올바른 방향으로 성장할 것입니다. 우리가 하는 일과 그 일을 하는 방식이 빈 라덴 같은 바보들과 싸우는 수단이라고 생각했지요. 우리가 허물어지길 바란다고? 그러면 우리는 살아남아 번창할 것이다. 우릴 파괴하겠다고? 그러면 우리는 더더욱 명예로운 행동을 고집할 것이다. 재단의 목적은 과거에도 지금도 그것입니다. 우리의 저항과 존중이 한 세기 내내 메아리쳐, 우리 직원들의 손자들도 우리가 소중한 것을 지켰고, 꼭 필요한 순간에 명예롭게 행동했음을 알게 되기를 바랍니다."

결혼식 날의
짧은 생각

하루 종일 그리고 토요일 저녁 늦게까지 사람들이 서로를 가만히 만지고, 이런저런 것들을 소통하는 방법과 수단과 태도를 연구했다.

아버지들이 **잠깐만 여기에 가만히 있거나 머물러 있거나 기다리고 있거라. 내 대화가 끝난 다음에는 다른 데 가도 좋단다**라는 뜻으로 아이들의 가느다랗고 간절하고 우아한 백조 같은 목덜미에 부드럽고 다정하게 손을 얹는 모습을.

남자가 가장 좋아하는 여자에게 거의 무의식적으로 팔꿈치를 뻗는 듯 마는 듯하여 그녀가 자신의 품으로 들어올 수 있는 공간을 만든 채 문을 나가거나 계단을 내려가거나 차에서 나와 가까운 곳으로 걸어가는 모습을.

여성이 나이 든 여성(보통, 어머니나 이모나 할머니나 사랑하는 선생님이나 수녀님이나 이웃으로 보였다)의 팔꿈치를 가볍게 만지면서 필요하다면 도움을 주거나, 간혹, 나이 든 여성을 햇빛과 포도주가 있는 방으로 안내하는 모습을.

남자가 만날 때나 헤어질 때 하는 인사로 다른 남자의 어깨를 아주 잠깐 건드리는 모습을. 거창하고 가식적인 포옹이나 너무 격식을 차린 악수나 소울 브라더 동작*과 손잡기와 의식 없이. 이런 인사는 대략 30대쯤의 유효 기한이 있는 것으로 드러났고 그 나이대 이후에는 존경과 애정의 표시로 어깨를 가볍게 만지는 유서 깊은 몸짓으로 돌아간다. 힘찬 포옹에 집착하는 남자는 늘 있고, 소울 브라더 손잡기에 집착하는 남자도 늘 있지만. 소울 브라더 손잡기를 하는 남자는 아직도 입술과 턱 사이에 수염을 기른다. 재즈 밴드 소속이라는 사실을 유효 기간이 살아 있는 음악인 협회 회원증으로 증명하지 못하는 한 마흔이 넘으면 길러서는 안 되는 수염이다.

---

* 주로 1970년대에 흑인들이 주고받던 인사법으로, 서로 손바닥을 마주 댄 채 손가락으로 상대의 손을 꽉 쥐는 동작. — 옮긴이 주

젊은 여성들이 다른 상황에서는 연애 감정의 표현으로 보이지만 이 경우에는 친구와 자매와 사촌과 옛 룸메이트와 음악인 협회의 동료들에게 밝고 가볍고 꾸밈없는 애정을 드러내는, 누가 무엇에 대해 어떻게 생각할지 전혀 개의치 않고, 소박하고 행복하고 기쁘고 즐겁게 서로 입맞춤하는 모습을.

아주 연로한 남성들과 여성들이 조금의 거리낌도 없이, 옆에 서서 그들에게 말을 걸고 그들의 말을 듣는 모든 이의 손을, 종종 양손을 잡는 모습을. 이런 행동을 처음 목격했을 때, 나는 넘어질까 봐 걱정돼서라든지 같은 개인 안전상의 이유일 거라 짐작했지만, 관찰할수록 내게는 아주 연로한 할머니 할아버지가 남들이 어떻게 볼까 하는 자의식과 우려를 모조리 벗어던지고, 동료들과 서로를 어루만지는 행위에 대해 깊고 순수하고 진정한 기쁨을 느끼는 듯이 보였다. 그들은 서로를 만지는 것이 얼마나 유서 깊고 거룩한 행위인지를 누구보다 잘 알고 있었다. 그래서 서로를 만지는 데 주어진 시간 내내 서로를 최대한 많이 만질 참이었다.

그날 저녁 늦게 가장 좋아하는 여자와 팔짱을 끼고 결혼식 피로연장을 걸어 나오는 내게 그 모습은 지극히 현명해 보였고 한편으로는 부럽기도 했다. 그 생각은 오늘까지도, 당신이 이 글을 다 읽은 순간까지도 변함이 없다.

아빠의 언덕과 계곡

쌍둥이 아기가 있으면 어때요? 한 학생이 묻는다. 그러자 나는 곧바로 벌써 여러 해 전의 토요일 아침으로 돌아갔다.

아내와 나는 아들들을 재우려고 밤새 번갈아 흔들었다. 새벽에야 아내는 마침내 두 아이를 우리의 큰 침대로 데려왔고, 둘은 내 위에서 잠이 들었다. 그러자 아내는 단호하게, 만약 당신이 어떤 방향으로든 조금이라도 몸을 움직여 아이들을 깨우면 나는 평생 단연코 당신한테 키스하지 않겠다고 선언하더니 곧바로 잠이 들었다. 그래서 나는 한 살배기 두 아들을 데리고 꼼짝도 하지 말아야 했다. 아이들은 촉촉한 강아지처럼, 작고 보드라운 셔츠처럼, 가장 따뜻하고 폭신한 솜뭉치처럼, 내 위에 누워 있었다.

둘 중 하나는 내 어깨 위로 늘어진 채 내 귀에 살며시 축축이 숨을 불어넣고 있었다. 다른 하나는 잠옷 입은 허리띠마냥 적도를 가로지르고 있었다. 내 아내는 곤히 잠들었다. 아내가 깊이 잠들었다고 해서 별로 억울하지는 않았지만 나는 어떤 상황에서도 움직이는 것이 금지되었다. 아들들은 지금쯤 가장 깊은 수면 주기에 접어들었을 테니 나는 앞으로 여섯 시간 동안 움직이기는 글렀다는 생각이 들었다. 그러자 복잡한 감정이 밀려왔다. 여섯 시간 연속으로 잠을 잔다는 것은 유아의 생애 첫 해를 버텨 낸 경험이 없는 독자라면 절대 이해하지 못할 기적이 될 터였다. 이 기간에 부모는 결코 두 시간 이상 연속으로 잠을 잘 수 없다. 수면 부족으로 정신이 몽롱해져 예비 선거 투표자처럼 집 안을 휘청대며 돌아다니게 된다. 앞뒤가 안 맞는 말을 중얼거리고 냅킨 앤 치즈 샌드위치를 먹고 샤워 중에 잠들기도 하면서. 한편 아이들이 여섯 시간을 내리 잔다면 나는 여섯 시간을 꼼짝할 수 없다. 내가 아이들 밑에서 꿈틀꿈틀 빠져나와, 살그머니 일어나, 조심조심 샤워를 하고 샌드위치를 먹는 사이, 자비롭고 너그러우신 눈썹 원인께서 아들들을 따스한 담요의 동굴로 굴려 보내어 태어난 물로 돌아가는 연어처럼 엄마 쪽을 보며 코를 골게 하시기를 바랐지만, 아이들이 잠을 깨어 울부짖지 않을 확률은 미미했고, 이 여인에게 다시는 단연코 키스를 받지 못하리라는 생각에 섬뜩해진 나는 꼼짝도 할 수 없었다.

  오랜 세월 나는 평범함의 비범함을 환기하고 암시하기에 적절한 단어를 찾으려 애썼지만, 토요일 새벽에 놀라운 여인이 오른쪽으로 돌아누운 채 곤히 자는 사이 한 명도 아니고 두 명의 잠자는 어린 아들을 걸치고 있는 것이 얼마나 영광스러운지 적절히 표현하기는 힘들 듯하다. 우리 아들들은 입을 살짝 벌리고 자고 있었다. 머리카락은 헝클어져 있었다. 습기와 배와 토스트가 섞인 냄새를 풍겼다. 하나는 한 살이 아니면 불가능한 각도로 한쪽 팔을 뒤로 뻗었고 웃기게도 무슨 재질로 만들어졌는지 궁금해지는 발을 머리에 올리고 있었다. 침흘리개인 다른 아이는 내 어깨에 걸쳐진 채 가느다란 은빛의 침 줄기를 내 성벽 둘레로 천천히 조심스레 흘렸다. 마치 그것이 무언가를 두려워하는 듯이. 침 줄기는 주변을 정찰하고 바람을 확인하려는 듯 이따금씩 멈칫거렸다.

내 기억에는 몇 주 동안이나 아들들에게 깔린 채 꼼짝도 못한 기분이었지만 아내는 그렇지 않다고 말했다. 사실 **나**는 곯아떨어져서 비중격만곡증으로 곰처럼 코를 골았고, **아내가** 깨어나서 아이들을 데려 나가 씻기고 먹이는 사이 몇 시간을 더 잤다지만, 그것은 가장 터무니없는 허튼소리다. 나는 그 일을 전혀 그런 식으로 기억하지 않는다. 그러나 나는 아빠의 언덕과 골짜기에서 어린 아들이 하나가 아니라 둘이나 잠들어 있던 순간이 얼마나 값지고 뭉클했는지를 기억한다. 내가 살아 있는 한 결코 잊지 못하리라.

버스에서

 당신에게 들려줄 이야기가 있다. 당신이 남은 하루 내내 곱씹게 될 이야기가 있다. 스쿨버스 운전기사가 들려준 이야기다. 그는 몸집이 크고 젊은 시절에 백화점 경비원으로 군인으로 일했기에 보는 눈치가 빠르다. 그는 아이들을 좋아해서 앞으로 쭉 동네 스쿨버스를 운전할 생각이었다. 그는 손재주가 좋아 필요할 때 물건을 고칠 수 있고 기본적인 응급 처치 요령을 알고 있어 필요할 때 아픈 아이들을 돌볼 수 있으며 하루에 두 번 시내에서 운전하는 것도 꺼리지 않는다.
 운전을 싫어하는 사람보다는 내가 낫겠죠, 그는 이렇게 말한다.

그의 버스에는 아이가 대개 20명쯤 탄다고 한다. 나는 아이들 하나하나를 잘 압니다. 우리가 만나고 처음 며칠 간 서로 대화를 나누면서 버스에서 지켜야 할 기본적인 규칙을 만들었어요. 나는 버스 안에서 왕처럼 군림하는 사람이 아니에요. 시시한 독재자라면 딱 질색이죠. 두엄더미에 던져도 시원찮을 만큼 거만한 권위자라면 겪을 만큼 겪었거든요. 그래서 안전과 예의에 대한 기본 규칙은 정해 놓고 별로 간섭은 하지 않습니다. 대개는 그런 방식이 잘 통해요. 그러면 좀 더 큰 아이들이 자연스레 버스를 통솔하게 되죠. 대부분은 아무런 문제가 없지만 간혹 어떤 아이들이 다른 아이들을 집단으로 괴롭힐 때가 있어요. 그럼요, 그런 일이 일어나면 내가 금방 알아차린답니다. 반대쪽을 바라보며 운전에만 집중하고 있어도 얼마나 많은 것을 알아챌 수 있는지 아시면 놀라실 걸요. 보통은 큰 소란 없이 문제가 저절로 해결되기를 며칠 동안 기다리지요. 어른들은 잘 기억하지 못하겠지만 아이들의 삶은 무척이나 치열하답니다. 나이가 들면서 우리는 어린 시절이 얼마나 치열했는지 곧잘 잊어버리죠.

어느 날 새로운 아이가 버스에 나타났어요. 가족과 함께 얼마 전에 이 마을로 이사 온 낯선 아이였죠. 덩치가 큰 녀석이었는데 그 아이는 덩치가 크다는 사실에 예민했어요. 자신이 신참이라는 사실에도 예민했고요. 그리고 무언가에 지극히 예민한 사람이 다 그렇듯이 누가 그것에 대해 무슨 말을 하거나 그 비슷한 것에 대해 무슨 말만 해도 더없이 예민하게 굴더군요. 내 말뜻 아시겠죠.

그래서 그 녀석은 작은 아이 중 하나가 뭐라 수군거렸다고 지레짐작하고, 작은 아이의 얼굴에 대고 소리를 지르고 삿대질을 하는 겁니다. 작은 아이는 당연히 울음을 터뜨렸고요. 나는 버스 앞쪽에서도 상황이 어떻게 돌아가는지 전부 듣고 있었어요. 이런 행동은 안전과 예의 규칙에 어긋나기 때문에, 버스를 길가에 대야 했죠. 그 순간 어떤 상황이 벌어졌을까요? 다른 작은 아이가 큰 아이와 작은 아이 사이에 끼어들었어요. 두 번째 작은 아이는 일곱 살쯤 먹었는데 지금껏 그만큼 마르고 앙상하고 괴상한 아이는 처음 보겠더군요. 하지만 해야 할 일은 반드시 하는 녀석이었죠. 다음으로 다른 작은 아이, 또 다른 아이가 하나 둘 끼어들더니, 결국 크고 작은 아이 전부가 아직 울고 있는 그 작은 아이를 둘러싸더군요. 하지만 다들 한마디도 하지 않았어요. 그게 중요하죠. 누구도 말이 없었답니다. 아무도 밀치거나 밀리거나 하지 않았고요. 작은 아이가 울음을 그칠 때까지 그냥 둘러싸고만 있었죠. 새로 온 아이는 상황을 파악하고 역시 아무 말 없이 자리에 앉더군요. 잠시 후에, 규칙을 어기고 자리에서 일어섰던 아이들이 전부 제자리로 돌아가자 나는 버스를 다시 출발시켰습니다. 더 이상의 소동은 없었지요. 그러니까 내가 말씀드리고 싶은 것은 다른 아이들이 하나둘씩 일어나서 작은 아이와 큰 아이 사이에 끼어들었다는 거예요. 이 정도면 대단한 이야깃거리 아닌가요? 그런 이야기가 하루에 천 개쯤은 쏟아져 나올 거라 장담합니다. 백만 개, 어쩌면 십억 개쯤 될지도 모르죠. 날마다, 어디서든지요. 곱씹어 볼만한 이야기 아닌가요? 곱씹어 볼만하죠.

매의 언어

 형 케빈을 마지막으로 직접 만난 것은 3년 전, 여름을 앞둔 어느 날 저녁, 그의 방에서였다. 우리는 다리를 뻗고 앉아 매와 사랑과 고통과 어머니와 해변과 수학과 아버지와 대학과 형의 아이들과 내 아이들과 우리의 너그럽고 신비로운 아내들과 책과 농구와 은총과 고통, 다시 매에 대해 이야기를 나누었다. 우리는 둘 다 맹금류에 심각하고 진지하고 열정적이었고, 황조롱이와 어치의 차이를 구분하는 것을 즐겼다. 둘은 크기가 비슷했지만, 한쪽은 쥐 한 마리를 순식간에 찢어발길 수 있는 반면, 다른 한쪽은 사지 절단 실습이 포함된 강의 계획서를 보면 졸도를 할지도 몰랐다.

우리 둘 다 앞으로도 남은 평생 기꺼이 매를 연구할 생각이었지만, 문제는 형의 생명이 끝나 가고 있었고, 이때가 우리끼리 사랑과 매에 대한 이야기를 나눌 마지막 저녁이라는 것을 우리도 알고 있다는 것이었다. 그래서 우리는 매와 사랑에 대해 이야기했다.

내 경험상 형제들은 사랑에 대해 직접적으로 이야기하지 않는다. 설령 서로 막연하게 철저하게 혼란스럽게 사랑한다 해도, 연애 관계가 아닌 사랑 얘기를 하는 것은 쑥스럽기 때문이다. 누구나 연애에 대해, 그것이 어떻게 시작되고 끝나고 흥하고 이우는지에 대해 떠들고 노래하고 재잘대지만, 거칠고 복잡한 애착과 선망과 존경과, 형제애를 비롯한 다른 온갖 종류의 사랑에 대해서는 거의 이야기하지 않는다. 형제들은 경쟁을 시작하면 절대 멈추지 않는다. 형제들은 가까이서 시작되지만 충분한 빛을 받으려면 서로 떨어져 자라야 하는 나무와 같다. 형제들은 서로 숭배하면서 코를 부러뜨리고, 서로 흠모하면서 뭔가를 빼앗고, 힘껏 달려가 서로를 지키면서도 서로를 미워한다. 매우 혼란스러운 관계다. 당신이 아주 운이 좋다면 결국 형제들과 같은 나이가 된다. 결국 형제들과의 차이는 녹아서 무너지고 다리를 뻗고 함께 앉을 수 있는 울퉁불퉁한 바위에는 사랑이 남게 된다.

그래서 우리는 사랑에 대해 이야기했지만, 매의 언어를 사용했다. 내가 오늘 아침에 하고 싶었던 말은 그것이다. 우리는 쿠퍼매와 줄무늬새매를 구분하는 것이 얼마나 까다로운지를 이야기했다. 그나저나 쿠퍼가 **누구였더라?** 우리는 까마귀와 붉은꼬리말똥가리 사이의 헤아릴 수 없이 오래 묵은 전쟁에 대해 이야기했다. 누가 전쟁을 시작했는지, 왜 시작했는지. 틀림없이 어떤 소녀 때문이었으리라. 우리는 올빼미와 물수리와 독수리와 솔개와 매와 다른 맹금류 이야기도 했지만 주로 매에 대해 이야기했다. 우리는 매를 알았고 날마다 매를 보았고 매 때문에 항상 신나고 설레었으며 앞으로도 늘 그럴 터였다. 우리 중 하나가 돌 상자 속 재가 되어 떡갈나무 밑에 묻히더라도. 우리는 둘 중 하나가 살아 있는 한 매로 인해 언제까지나 신나고 설레기로 약속했다. 그리하면 어찌 됐든 둘 다 매로 인해 즐거울 것 아니겠냐면서. 그래서 내가 지금 파닥거리는 여새 무리를 쫓아 초음속으로 떡갈나무 가지 사이를 미끄러지는 줄무늬새매를 보면, 형 케빈도 그것을 본다. 비록 그가 죽었다는 것이 통설이지만. 내가 종종 **맙소사, 형은 저거 봤어?** 하고 중얼거리면 그는 **저보다 멋진 게 또 있을까?** 하고 대꾸하기에 우리는 아직도 다리를 뻗고 앉아 있고 운이 좋으며 이제 곧 여름이고 우리는 사랑에 대해 이야기하고 있다.

한때 조약돌이었던
지금의 절벽

 미사 시간, 나는 맨 왼쪽, 가운데 신자석에 선다. 우리는 스테인드글라스 창문을 통해 빛이 쏟아져 고이는 이 자리를 선택한다. 늦은 오전 미사가 가장 좋은 이유는 태양이 마침내 언덕 위에 서 있는 거대한 병원의 성채를 넘어서고 매력적인 광선을 창문으로 똑바로 쏘아 보내고 내 쌍둥이 아들들은 딱 어린아이처럼 천진난만하게 기뻐하며 태양이 창문으로 신나게 뛰어들어 온다고 말했기 때문이다.

 내 아들들은 해가 바닥에 드리운 알록달록한 색을 골라 이 색에서 저 색으로 폴짝폴짝 뛰어다닐 만큼 작았다. 아이들은 첫영성체를 하기 전 몇 해 동안 미사 전과 미사 후와 가끔은 미사 **중에** 요한 신부의 축복을 받고서 그렇게 뛰며 돌아왔다. 때때로 아이들은 신자석에서 부스럭거리거나 꼼지락거리고, 기도서를 만지작거리고, 교구 주보로 배와 트럼펫을 접고, 장궤틀을 위아래로 쾅쾅 두드리기도 했다. 엄마의 눈총에 움찔하며 그만둘 때까지. 하지만 그 다음 순서는 영성체였다. 요한 신부가 폭풍우 속의 나무처럼 엄청나게 큰 키를 숙여 모자만큼 큰 손을 아이들의 머리에 얹고 축복하는 시간이라는 뜻이었다. 아이들은 그것을 좋아했고, 신부에게 **안녕하세요 신부님!** 이라고 큰소리로 속삭이는 것도 좋아했다. 그러면 신부는 미소를 지었고 아이들은 의기양양했다. 그 건장하고 근엄한 미사 집전 신부를 **영성체가 한창 진행 중일 때** 어린아이처럼 활짝 웃게 만들다니!

서너 살 때 아이들은 신자석의 내 옆자리에 서서 마치 내가 나무고 자기들은 새인듯 내게 기대곤 했다. 때때로 하나가 잠들면 내 팔과 어깨로 그것을 감지해 내가 앉으면서 자는 아이를 안전하게 끌어내렸다. 가끔 아이들은 영성체 때의 요한 신부처럼 나를 웃게 하려고 내게 힘주어 기대곤 했다. 언젠가 나는 아이들이 미사 전에 아빠한테 엄청 **세게** 기대어 아빠를 **찌**

그러프리기로 공모했다는 사실을 알게 되었다! **그러면 아빠는 성당에서 바로 15㎝쯤 더 커지겠지! 와 재밌겠다!** 때때로 아이들은 지극히 단순한 포유류의 애정, 사랑하고 신뢰하는 누군가에게 기대는 말없는 기쁨 때문에 내게 기대곤 했다. 하지만 그때는 항상 내가 더 크고 아이들은 작았다.

 그 후에는 기대지 않는 시기가 찾아왔다. 이 시기에 아이들은 부모로부터 교회로부터 그리고 모든 허구와 형식과 조직의 권위에서 멀찍이 떨어진 채, 대개 말없이 뚱하고 고독하게 앉아 있었다. 심지어 평화의 인사 시간에도. 그것이 부모를 곤혹스럽게 했다는 것이 요점이다.

 하지만 이제 둘은 스무 살이다. 하나는 나보다 훨씬 키가 크고 하나는 훨씬 근육질이다. 하나는 호리호리하고 하나는 튼튼하다. 하나는 날씬하고 하나는 건장하다. 최근에 미사에서 나는 한쪽에 기댔다가 다른 한쪽에 기대면서 내 영혼의 밑바닥까지 꿰뚫는 깊은 감동을 받았다. 한때의 조약돌들이 지금은 절벽이 되었다. 둘은 키가 크고 튼튼하고 건장하고 매력적이어서 평화의 인사 때 사방에서 사람들이 미소를 지으며 손을 뻗어 온다. 내가 기대도 꿈쩍도 하지 않는다. 이제 나는 내가 사랑하고 믿고 존경하는 사람들에게 기대고 있는 사람이다. 때때로 나는 그저 아이들을 웃기려고 일부러 힘주어 기댄다. 어쩌다 내가 영성체를 가장 먼저 하고 돌아오면 다가오는 아이들을 지켜본다. 창문으로 쏟아져 들어오는 떨리는 햇빛을 받으며 우아하게 다가오는 그들을. 시간은 버벅대고 뒤집혀 항상 어제와 오늘이다. 아마도 기억은 가장 큰 기적일 것이다. 오늘 아침에 가만히 생각해 보라. 푸덕거리고 떨리고 활짝 웃는 세상을 보면서.

최후의
보루

직업상 필요하거나 개인적으로 매력을 느낀 문장이 아닌 한 성경에 나오는 특정 구절을 기억하는 사람은 흔치 않지만, 나는 어린 시절에도 '가장 위대한 이야기'에 나오는 아리송하고 퉁명스럽고 맛깔난 문장들에 푹 빠지곤 했던 기억이 있다. 그런 문장들을 만날 때면 나는 인상을 쓰면서도 참을성 있게 받아 주었던 아버지를 팔꿈치로 쿡쿡 찔렀다. 예를 들면 **아버지가 지각을 잃더라도 업신여기지 마라**라는 문장이라든지, 그리스도가 **당신에게서 힘이 나간 것을 아시고 돌아서서 누가 내 옷에 손을 대었느냐?** 하고 외치는 등 신이라기보다 당황한 남자처럼 행동한 장면들이었다.

내게는 **행복하여라, 마음이 가난한 사람들**도 마찬가지였다. 물론 어린 시절에, 늦은 오전 미사에서 듬직한 아버지와 가녀린 어머니 사이에서 꾸벅꾸벅 졸다가 처음 들은 구절이었다. 신자석에는 형제들이 주먹다툼을 줄이기 위해 부모님을 완충재 삼아 띄엄띄엄 앉아 있었다. 다른 사람들처럼 나도 헷갈리고 당황스러웠다. 영혼은 **풍요로워져야** 하는 것 아닌가? 정신적으로 결핍되었는데 어떻게 천국으로 가는 입장권을 받을 수 있을까? 말이 안 되는 소리 아닌가? 오랜 세월 아무도 눈치채지 못한 심각한 오자는 아닐까? 원래는 영혼이 **가득한** 사람이었다든지?

그 후에 나는 이 구절에 대해 성실한 학교 선생님, 온화하고 지혜로운 부모님, 박식한 대학 교수님, 재능 있고 학구적인 저술가들의 설명을 들었다. 그 결과 나는 여기서의 **가난하다**를 **겸손하다**는 뜻으로 이해하는 편이 낫다는 생각을 갖게 되었지만, 나는 겸손하지 않고 겸손의 진정한 개념을 알지 못했다. 아내가 나와 결혼하기 전에는. 결혼은 내게 겸손에 대해 엄청나게 많은 가르침을 주었다. 그 후로 우리는 아이들을 얻었고 덕분에 또 나는 겸손에 대해 **놀랄 만큼** 많은 깨달음을 얻었다.

그 후에는 내 친구들이 시들고 쭈그러들고 죽기 시작했다. 9월 11일에 불에 타서 죽은 것을 포함한 온갖 방식으로. 그러자 나는 결국 겸손이야말로 이번 생에서 진정으로 정직해지는 유일한 방법임을 서서히 막연히 희미하게 깨닫기 시작했다. 다른 모든 것은 결국 교만하다. 어리석음이거나, 당신조차 알지 못하는 복잡한 이유 때문에 제거하고 싶지 않은 의도적인 변장이다.

물론 당신은 어둠에 맞서 거룩한 재능을 발견하고 연마하고 발휘하기 위해 최선을 다한다. 다정하게 손을 뻗어 가급적 많은 사람을 어루만지려고 최선을 다한다. 당신이 가진 배려와 유머를 있는 대로 끌어 모아, 가식 없는 사랑과 반항적인 용기와 믿기지 않는 은총을 한껏 불러온다. 이것이 결국 우리가 누리는 기적이므로 가능하다면 매 순간 열렬한 관심을 기울여야 한다.

하지만 아니, 당신은 아무것도 지배할 수 없다. 모든 것을 명령하거나 통제할 수는 없다. 모든 것을 고치고 바로잡을 수는 없다. 당신의 아이들을 고통과 상실과 비극과 질병에서 보호할 수는 없다. 행복한 결혼 생활은 고사하고 항상 결혼 생활을 유지할 거라는 보장도 없다. 항상 직장이 있거나, 건강하거나, 비교적 제정신일 거라 장담할 수도 없다.

당신이 할 수 있는 것은 세상을 차분하고 우아하게 마주보며 한 조각 변화를 만들기를 기대하는 것뿐이다. 겸손은 자기부정, 무기력, 무심함을 의미하는 것이 아니다. 우리 문화권의 대체적인 기준에 따르면 이치에 맞지 않는 것, 비논리적이고, 어리석고, 우스꽝스럽고, 황당한 것을 믿어야 한다는 뜻이다. 당신이 매우 훌륭한 당신이라는 것이 어찌됐든 중요하다는 것을 믿어야 한다. 정직하고 온화한 부모가 되려는 노력은 공동체 전체에 오랫동안 메아리친다는 것을 믿어야 한다는 뜻이다. 선택한 일을 창의적이고 근면하게 해내면 당신의 능력을 훨씬 뛰어넘는 사람들마저 긴장한다는 것을 믿어야 한다는 뜻이다. 사회라는 직물에서 세심하고 너그러운 친구이자 시민이 되는 것은 큰 의미가 있으며, 실밥이 한두 올쯤 풀리는 것을 막을 수도 있다는 것을 믿어야 한다는 뜻이다. 이 모든 것을 실천하더라도, 당신의 공로는 절대로, 제대로, 조금도 인정받지 못한다는 것을 확실히 분명히 알면서도 그렇게 해야 한다. 사실 당신이 하는 옳은 일의 대부분은 전혀 눈에 띄지 않을 것이다.

다만, 우리가 절대 알 수도 이해할 수도 없는 방식으로, 언젠가 자신의 옷에 손을 댔다고 호통을 쳤던 아랍계 유대인에게, 그리고 이 우주와 수백만 개의 다른 우주(여기에든 다른 어디에든 구체적인 숫자를 붙여서는 안 되겠지만)를 창조하고 생명을 불어넣은 그분에게 알려질지도 모른다.

세상을 떠난 형 케빈이 말했듯, **겸손은 최후의 보루**다. 젊을 때 우리는 자아, 페르소나, 우리를 품을 수 있는 이야기, 또는 몇 가지 자아를 잇달아, 또는 여러 개를 한 번에 형성한다. 나이가 들면 우리는 다른 역할과 페르소나, 다른 가면과 의무를 받아들인다. 만들기 위해 그토록 애를 썼던 자아에 갇혀버린 남자와 여자들을 당신도 나도 잘 알고 있다. 너무 처절하게 갇히어 그들은 오로지 더 이상 되고 싶지 않은 사람으로부터 벗어나기 위해 자신의 삶을 파괴한다.

하지만 결국, 우리가 운이 좋다면, 우리가 고통과 상실의 책을 겸손하게 읽는다면, 우리 모두가 상처 입고 미약하고 사소한 존재라는 것을 깨달을 것이다. 사실은 우리 중 누구도 다른 누구보다 부유하거나 유명하거나 아름답지 않다는 것을 깨달을 것이다. 그때, 우리는 마침내 겸손에 대해 심오하고 진실한 무언가를 이해하기 시작할 것이다.

  나는 이렇게 알고 있다. 작은 것은 크고, 사소한 것은 거대하며, 고통은 기쁨이라는 선물에서 빠질 수 없는 요소이며, 사랑이 있기에 다른 모든 것이 있다. 숨을 쉴 때마다 당신은 사랑을 향해 다가가거나 사랑으로부터 멀어진다. 겸손은 사랑으로 가는 길이다. 겸손이 곧 사랑일지도 모른다. 그럴지도 모른다. 나는 잘 모른다. 나는 혼란스럽고 어리둥절한 사람이니까. 길을 따라 천천히 움직이면서, 경이로움에 감탄하고, 그저 있는 그대로를 보고 말하려 하며, 길을 따라 쓰레기와 부스러기 같은 자아의 파편을 남기려할 뿐.

너희가 표징과 이적을
보지 않으면

 어제 성당에서의 하이라이트. 네 살쯤 되어 보이는 남자아이가 아주 조용하고 날쌔게 앞줄에서 기어 나와 제단 모퉁이로 다가가더니 양팔과 한쪽 다리를 제대에 올려놨다. 그 아이가 제자리로 끌려가기 전에, 앞줄에 앉아 있던 사람들 모두가 키득키득 웃기 시작하자 미사를 집전하던 신부님도 웃음을 터뜨렸다. 평소에 점잖고 무뚝뚝하던 피아노 반주자마저 쿡쿡 웃기 시작했다.

 농담이 아니라, 그 아이가 하늘색으로 염색한 모호크 머리에, 파란색 잠옷에 검정 카우보이 부츠 차림이어서 그 순간은 더 유쾌했다. 그런 요란한 헤어스타일을 말할 것도 없고 성당에 카우보이 부츠를 신고 잠옷을 입고 오는 사람도 보기 힘드니 말이다. 하지만 아이의 웃음소리가 내 마음을 파고들어, 오늘 오전 내내 나를 행복하게 했다. 아이의 웃음은 철저하게 완전하게 그야말로 꾸밈이 없었다. 그것은 냉소적인 논평도, 신경성 안면 경련 증상도, 긴장을 풀려는 의식적인 노력도, 킥킥 소리가 때로 그렇듯 느닷없이 밖으로 튀어나온 회의감의 증거도 아니었다. 아니, 그 웃음은 순수한 유쾌함이었다. 터지고, 울리고, 끼어들고, 그 순간에 스며들고 잠시나마 정상의 껍질을 한 꺼풀 벗겨, 모두를 웃음 짓게 했다. 이 웃음에 매료되고 감동하여, 나는 당신과 함께 조금 더 탐구하고자 한다. 아이의 웃음소리는 성당 미사보다 더 거룩한 것이 아닐까? 어쩐지 설명하기 힘든 방식으로?

어린이들을 그냥 놓아 두어라. 나에게 오는 것을 막지 마라. 사실 하늘나라는 이 어린이들과 같은 사람들의 것이다. 그분은 그렇게 말씀하셨다. 그처럼 명확하고 단호하고 반박할 수 없는 말씀을 하셨다. 아무도 부정할 수 없게. 그리고 그분은 자신의 불기해한 존재의 세포 하나하나로 확신하지 못하는 대상에 대해서는 무슨 말이든 한 적이 거의 없다고 나는 생각한나.

어린이들 중에 천국이 있다, 어린이들 가운데 천국이 있다, 어린이들처럼 되는 것이 천국이다. 누구보다 신비로운 아랍계 유대인의 이 말은 무슨 **의미**일까?

단순하다는 의미는 아니다. 부모라면 누구나 알겠지만, 아이들은 결코 단순하지 않다. 키가 작거나 근육과 돈이 부족하다는 뜻도 아니다. 전혀 그렇지 않다는 것은 우리도 잘 안다. 부자라는 것은 거룩함이라는 잣대에서는 무일푼이라는 뜻이기 때문이다. 그분 역시 언제나처럼 직설적이고 명확하게, 우리가 그분의 말을 절대 잊지 못하도록, 항의하는 바늘귀로 빠져나가려 안간힘을 쓰는 낙타의 이미지를 예로 들며 같은 말씀을 하셨다.

아이들은 꾸밈이 없고, 꿍꿍이도 없고, 승부처도 없고, 여과도 가장도 없고, 뒤에 숨을 가면과 방패도 없다는 뜻으로 그분은 그런 말씀을 하셨을까? 아이들의 소탈한 말과 자유분방한 호기심이 우리가 돌아가야 할 빛나는 길임을 암시하셨을까? 우리가 성취와, 성숙과, 이성과, 진보를 지칭하는 모든 것이 실제로는 우리가 정신을 개방하고 감정을 노출하고 끊임없이 킥킥대는 어린아이들처럼 되기 위해 결국 벗어던지고 제쳐 두어야 할 작고 시시한 것들이라는 뜻일까?

그런 모양이다. 어린이들과 같아지기 위해 우리 모두가 파란 모호크 머리를 하고 파란 잠옷을 입고 검정 카우보이 부츠를 신어야 한다는 뜻이었는지는 모르겠지만, 아마도 그런 뜻이었던 모양이다. 그분의 비딱한 재치는 분명히 이해하기 어렵고, 내가 어제 아침에 만난 그 아이는 정말로 사람들에게 큰 표징이었으며, 나는 그 아이를 감지하여 당신에게 보고하도록 선택받은 사람인지도 모르니까. 포동포동한 어린이의 모습으로 이 세상에 직접 찾아와, 어머니와 아버지가 간지럼을 태울 때 깔깔거리면서, 소리가 들리는 범위 안의 모든 사람을 웃게 하신 주님의 방식을 누가 설명할 수 있을까? 그분은 여전히 놀랍고 신비로운 방식으로 그렇게 하고 계신다. 우리가 남은 하루 이 일을 곰곰이 생각하면서, 산뜻한 파랑 모호크 머리를 하고 검정 카우보이 부츠를 신은 우주의 지배자가 힘차게 깔깔대던 모습을 떠올리며 활짝 웃을 수 있게 나는 이 사실을 당신에게 알린다. 기억하라. 너희는 표징과 이적을 보지 않으면 믿지 않을 것이다.

칼리프 아부 바크르 알 바그다디에게
보내는 공개편지

이 글을 정중하게 시작하려 한다. 당신에게 평화를 빈다는 뜻의 전통 인사 **앗살라무 알라이쿰**으로. 거기다 당신이 스스로 붙인 칭호까지 써 주고, 편지 역시 가급적 짧게 줄일 작정이다. 신생국과, 다루기 힘든 부하들을 관리하고, 당신을 모래 알갱이보다 더 작게 박살내고 싶어 하는 그 많은 사람을 감시하느라 당신이 날마다 받을 압박감은 상상만 할 수 있을 뿐이다.

그렇다 해도, 다음 몇 가지는 차분히 생각해 보길 바란다.

우선, 당신 생각을 다른 사람들에게 주입하려고 사람들을 죽이는 것은 형편없는 인적 자원 관리라는 것을 알아야 한다. 자식과 연인과 가족과 친구를 죽이면 사람들은 결국 분노하고 저항하고 고집을 부리며 말을 듣지 않는다. 절대 더 고분고분해지지 않는다는 뜻이다. 잘 들어라, 나는 가톨릭 신자다. 내가 믿는 종교도 테러리즘이라는 것을 시도했지만 결과가 좋지 않았다. 엄청난 돈과 시간과 목숨의 낭비였을 뿐. 우리는 그것을 십자군 전쟁이라 불렀다. 당신을 비롯한 이슬람교도들은 지금까지도 십자군 전쟁을 떠올리면 입맛이 쓰지 않나. 그럴 만도 하다. 하지만 거기서 교훈을 얻어야 한다. 살인은 설득력이 없다는 교훈. 이슬람교도들이 십자군 전쟁 이후에 가톨릭교도들의 말을 더 잘 들었던가? 아니라고? 그 점을 잘 생각해 보길.

둘째, 당신이 절대자의 말씀이라고 믿는 코란이나, 하디스 (선지자의 말씀, 그분께 평화가 있기를)에 무고한 이를 살해해도 된다는 말은 단 한 마디도 없다는 것을 명심하기 바란다. 그런 말은 어디에도 없다. 그런데도 당신은 최근 몇 년 동안 종교 지도자를 표방하는 다른 사람들처럼 무고한 생명을 살해하는 것을 허용하고 옹호했다. 나는 이렇게 말하고 싶다. 당신은 이 세상의 응징보다 영혼을 잃는 것을 두려워해야 한다고. 당신이 죽음은 두려워하지 않으리라고 본다. 당신이나 나나 죽음은 갑작스런 모습의 변화일 뿐이라 믿고 있으니. 하지만 당신은 신실한 사람들을 나쁜 길로 오도하고 있다. 그것은 죄다. 당신은 이슬람교도들의 죽음에 책임이 있고, 그것은 죄다. 당신은 믿음을 해치는 행동을 전혀 하지 않은 무고한 사람들의 죽음에 책임이 있고, 그것은 죄다. 당신은 세상 사람들이 보는 앞에서 날마다 이슬람 신도들을 해치고 죽인다. 세상 사람들에게 유서 깊고 고귀한 신앙의 자비롭고 은혜로운 면모를 가르치는 편이 훨씬 나을 텐데도.

셋째, 지하드(성전)라는 단어의 사용은 부정확하고 불쾌하다. 알다시피 지하드는 억압에 맞서는 전쟁이다. 그 조건은 코란과 예언자가 분명히 정해 두었다. 이슬람교도의 신앙을 빼앗으려 하거나 그들을 사는 곳에서 쫓아내려 하는 자들만을 상대로 해야 한다. 전투원들에 한정하고, 무고한 이들을 겨냥해서는 안 된다. 민간인을 전쟁에서 보호해야 한다고 예언자가 직접 명하지 않았나. 그리고 당신은 예언자에게 항상 평화를 추구하라는 명령을 받았다. 그런데도 당신은 무고한 이들을 상대로 전쟁을 벌인다. 종교를 가리지 않고, 심지어 당신과 같은 종교를 가진 민간인들마저 학살한다. 평화를 추구하기는커녕, 끝없는 전쟁과, 권력과, 땅과, 노예만 추구한다. 당신은 포로들이 살해당하고 노예들이 강간당하도록 방치한다. 다시 한 번 말한다. 당신의 영혼과, 당신이 인도한다고 자부하는 자들의 영혼을 조심하라고. 당신은 스스로 당신 생명의 피와 뼈이며 표준 상태라고 주장하는 바로 그 계명을 어기고 있으니.

 넷째, 얼마 전 파리에서 당신의 대담무쌍한 전사들이 엘로디라는 아가씨를 살해했다. 그녀는 스물세 살이었다. 엘로디는 당신이나 부하들에게 아무 잘못도 하지 않았다. 엘로디의 오빠는 피바다 속에서 동생을 찾아다녔다. 오빠의 이름은 알렉시다. 알렉시는 동생의 휴대폰으로 끊임없이 전화를 걸었다. 알렉시는 폭력을 폭력으로 대할 수 없다고 말한다. 알렉시는 당신이 그의 여동생을 살해한 자들 같은 무뢰한들의 공포와 맹목을 다스릴 방법을 찾아야 한다고 말한다. 알렉시는 동생의 장례식을 준비하면서 이렇게 말한다. 나 같으면 그런 비범한 말은 상상조차 할 수 없지만 그는 그렇게 말했다. 알렉시는 자신이 분노하지 않았으며, 악한 사람에게 악으로 맞설 수는 없지만, 그들이 문제를 해결하도록 도와 더 많은 악을 막아야 한다고 말한다. 알렉시는 자신을 당신 입장에 두고 당신의 감정을 이해하려 애쓰고 있다고 말한다. 당신과 당신의 부하들이 그가 진심으로 사랑했던 누이, 학생이었던 누이, 춤을 좋아했던 누이, 그가 평생 다시는 그 모습을 볼 수 없을 누이, 비명이 끊이지 않는 어두운 방에서 당신이 죽이도록 허락한 누이처럼, 무고한 사람들을 죽이는 것을 멈추기 위해서다.

나는 당신에게 이렇게 말하고 싶다. 알렉시는 무슬림도 아니지만 당신보다는 훌륭한 무슬림이라고. 당신은 형편없이 행동했으니 부끄러운 줄 알고 뉘우쳐야 한다. 당신이 정말로 선지자요, 예언자와 절대자의 말씀을 경건히 따르는 자라면, 당신은 피투성이 모래에 무릎을 꿇고 당신이 저지른 일에 대해 속죄하고, 흐느껴 우는 이들에게 사과하고, 일어나서 당신의 모든 마음과 심장과 영혼을 평화로 돌려야 한다. 그래야 당신은 영혼을 구하고, 세상의 눈과 귀를 마침내 이슬람의 위대하고 좋은 것, 즉 경의와 순수와 평화로 돌릴 수 있다.

우리 문화권에서는 상대에 대한 관심을 표현하며 편지를 끝맺는 것이 전통이지만, 나는 파리에 사는 젊은 알렉시만큼 대범한 사람이 아니다. 그래서 나는 분노를 꾹꾹 누르며, 당신이 꿈틀거리는 어둠에서 깨어나 마침내 진정한 무슬림이 되기를 기도하면서 이 글을 마친다.

너희와 너희의 아이들을 위한 기도

부모로서 나의 첫 기도는 부모가 되기 **전부터** 시작되었다. 나의 가냘프고 비범하고 신비로운 아내와 나는 의사에게서 노골적이고 직설적이고 단도직입적으로 아이를 갖지 못할 것이라는 말을 들었기 때문이다. 우리는 말없이, 손을 잡고, 진료실을 나왔고, 내가 아내를 위해 우리 차 조수석 문을 열어 준 기억이 난다. 내 어머니는 모든 아들에게 그렇게 하라고 가르쳤다. 그렇게 하지 않으면 어머니는 손을 뻗어 아들의 뒤통수를 가볍게 때리고는 했다. 나는 아내가 차에 타도록 부축하고, 몸을 숙여 아내의 파라색 레인코트 자락을 차에 넣고 문을 살며시 닫은 다음, 운전석 쪽으로 걸어가기 시작하다가, 울음이 터져 나와 차 트렁크 위에 몸을 숙인 채 잠시 흐느꼈다.

그 눈물이 부모로서의 첫 기도였다.

그 후 우리는 온갖 방법을 동원해 오랜 시간 기도했다. 나는 성당과 성전과 수풀과 풀숲과 언덕 꼭대기와 당시에 우리가 살았던 섬의 바위 해변에서 기도했다. 내 친구의 말대로 내 마음속 깊은 곳에는 하나의 숨결, 하나의 상상, 하나의 한결같은 자비가 있고, 우리가 설명하거나 이해할 수 없는 곳에서 왔다가 돌아가는 모든 것은 단지 자취, 단서, 증거, 효과, 모든 것의 안과 속과 아래에 흐르는 음악을 인식하려 애쓸 뿐이라는 것을 알지 못했다면, 나는 지금껏 존재했고 앞으로 존재할 모든 신들에게 기도했을 것이다.

요청의 기도가 응답받으리라고 생각해 본 적은 없다. 나는 그것이 자비의 방식이라고는 생각지 않는다. 그래도 우리는 간청하는 기도를 속삭인다. 인류가 이런 모습을 띠기 훨씬 전부터 우리는 항상 그렇게 했다고 생각한다. 존재 같은 것이 존재한 때부터 존재들은 때때로 기도를 했다고 생각한다. 나는 모든 종류의 모든 존재가 이따금씩 하던 일을 멈추고 하느님을 경배할 거라 생각한다. 심지어 우리의 형편없고 허접한 지각 기관으로, 그들이 단지 태양을 향해 손을 뻗고 있거나, 날개를 말리거나, 열차가 오기 전에 지하철역에서 명상하거나, 아주 느리고 꼼꼼하게 야구장에 선을 긋고 있더라도 그들은 자기만의 독특하고 특별한 방법으로 기도를 하고 있을지도 모른다고 생각한다. 누가 그렇게 말할 수 있을까? 그것이 영묘한 수신자에게 보내는 은밀한 메시지라고 누가 단정할 수 있을까? 그러니 도시의 골목에서 빛을 갈망하는 앙상한 플라타너스가 기도를 하는 것이 아니라고 말하는 사람은 자신이 무슨 말을 하는지 모르고, 그의 말은 바람과 먼지다.

우리는 세 아이를 선물 받았다. 딸이 먼저 태어나고, 다음으로 1분 간격을 두고 아들 둘이 태어났다. 그러자 내 기도는 두 배로 늘었다. 아이들이 생기면서 이제 두려움을 알게 된 탓이었다. 아이들이 병들어 죽고, 개에게 물리거나 차에 치여 죽을까 두려웠다. 당시에 나는 심지어 언젠가 아이들이 안전하게 자라고, 심한 병치레 없이 성인이 된 후에도, 내가 지키고 보살필 수 없는 온갖 문제에 마음을 다칠지 모른다는 희미한 두려움을 느꼈다. 그래서 인정하는데, 나는 때때로 늦은 밤에 한결같이 자비로운 하느님께 간청했다. 아이들의 몫으로 작은 고통, 비교적 사소한 실망, 너무 잔인하게 끝나지 않은 연애, 아이들이 좋아하거나 사랑할 수도 있는 일을 마련해 달라고. 결국 부모로서 내 모든 기도는 이렇게 요약되었음을 나는 생생하게 기억한다. 아이들 대신에 나를 데려가 달라고. 아이들 대신에 내게 짐을 지워 달라고. 아이들의 식탁에 차려진 고통을 내가 받게 해 달라고. 나는 아버지가 되고 한참 지나서야 우리를 향한 그리스도의 헤아릴 수 없이 깊은 사랑을, 그분이 자신의 고통스럽고 이른 죽음을 희생으로 받아들인 이유를 완전히 이해할 수 있었다.

어쨌든 아버지가 되고 세월이 흐르면서 내 기도의 대상은 느리지만 확실히 바뀌어갔다. 우리가 아이를 갖기 전에, 나는 내 친구 여호수아 벤 요셉과 종종 편하게 이야기를 나누었다. 나처럼 마르고 현학적인 남자, 웃기고 용감하고 근면하고 멍청한 오합지졸을 친구 삼은 남자, 집밖을 나다니는 것을 좋아하는 남자, 황당하고 인상적이고 수수께끼 같은 말을 잘 하는 남자. 나는 **그**를 꽤 잘 안다고 느꼈다. 우리 둘 다 남자였고, 나는 어릴 때뿐만 아니라, 내 경험에 따르면 모든 가톨릭 소년들이 권위와 권력과 조직의 부패와, 성명서를 발표하고 다른 의견을 맹렬히 비난하는 교만하고 오만하고 거만한 허울뿐인 지도자들에게 환멸을 느끼고 비명을 지르며 교회에서 달아나던 시절을 겪은 후에 다시 그에게 내 속마음을 털어놓았다.

내 경험에 따르면 우리는 슬금슬금 종교로 돌아간다. 조심스럽고 불안하고 적잖이 의심을 품은 채 그것이 전부 허풍과 헛소리는 아니기를 바라면서. 그 안에 사상과 시와 권력과 맹렬한 기적이 강렬하게 꿈틀거리고, 그것이 가리키는 단어가 없는 대상을 말하는 데 쓰는 언어이기를 바라면서. 내가 아는 다른 많은 사람처럼 나도 그랬다. 그리고 나는 태어나서 처음으로 두 개의 가톨릭 교회가 있음을 보았다. 하나는 명사이고 다른 하나는 동사이며, 하나는 조직이고 다른 하나는 권위와 권력과 규칙과 규제에 전혀 무관심하고 은총과 겸손으로 인생의 상처를 헤쳐 나갈 방법을 찾는 데 아주 관심이 많은 수백만의 마음속에 자리 잡은 무모한 생각이다.

그렇게 내가 가톨릭으로 슬금슬금 돌아와, 신앙을 진지하게 받아들이기 시작하고, 조직의 보호막 아래서 탐색과 연구를 시작하고, 공식 기관에 소속되어 그 혁신적인 사상에 호기심과 매력을 느끼기 시작했을 때, 나는 아버지였고, 내 아이들에게 거룩함과 기도와 기적과 증언과 희망과 신앙에 대해 말할 수 있는 언어가 필요하다는 것을 알았다. 그리고 나는 내 아이들이 꼬물거리는 핏덩이에서 아장아장 걷는 꼬마, 풋풋한 청소년을 거쳐 이제 성인 남녀가 되기까지 달마다, 커피가 끓기를 기다리는 동안 혼자 성모송을 중얼거리는 괴롭거나 즐거운 고요한 순간에 내가 성모님께로 돌아섰음을 깨달았다.

왜냐고? 아마도 그녀가 예전이나 지금이나 어머니이며, 그분이 그녀에게서 나왔기 때문일 것이다. 그것은 기적이었다. 아이가 엄마에게서 나오는 것은 기적이다. 나는 이 기적을 아주 가까운 곳에서 한 번이 아니라 두 번이나 내 눈으로 직접 보았다. 그 후 내 안에서 무언가가 깨어났다고 생각한다. 언제라도 다가갈 수 있는 곳에 자애롭고 슬기로운 그녀가 있음을 알게 되었다고 생각한다. 내 아이들이 태어난 이후로 나는 그녀가 존재하지 않는다고 느낀 적이 한 번도 없었다. 내 말은 은유, 세련된 문학적 장치, 상징적 암시가 아니다. 내 말은 사실이다. 나는 우리 가까이에 있는 그녀를 느낀다. 나는 성모님의 발현에 대해서는 의견이 없다. 사람들이 토르티야와 정지 표지판에서 성모님의 얼굴을 보았다는 말에 슬며시 웃음 짓고 오래 전 테페약 언덕에서 후안 디에고Juan Diego에게 일어났던 일들에 대해 조용히 의아해할 뿐. 그 가엾은 남자는 교회의 권력자에게 바칠 징표를 찾으러 다시 언덕을 올라갔다가, 차가운 땅에 소나기처럼 쏟아져 내리는 장미를 보고 입을 떡 벌렸다. 아마 대부분의 목격담은 환각일 것이다. 어쩌면 전부 다 환각일지도 모른다. 하지만 환각은 깨달음일지도 모르고, 우리가 꿈꿀 수 있는 것보다 훨씬 많은 것이 가능하다. 이 나이에 이르러 내가 아는 한 가지는, 현실의 경계와 한계와 범위를 안다고 생각하는 사람은 바보라는 것이다. 그래서 우리는 기도한다.

나는 지금도 날마다 아이들을 위해 기도한다. 내 아내도, 아침이면, 잠옷 차림으로, 침대 옆에서, 무릎을 꿇고, 얼굴을 침대 이불에 갖다 댄 채, 주님의 빛 앞에서 부끄러워한다. 나는 그 모습을 보면 아내가 혼자 조용히 기도할 수 있게 침실을 나간다. 그토록 힘껏 겸손하게 믿음을 드러내는 아내의 모습을 볼 때마다 나는 행복한 전율을 느낀다. 하지만 나는 일어서서, 커피포트 옆에서, 걸으면서, 안경을 기다리면서, 리조토를 만들면서, 설거지를 하면서, 양치질을 하면서, 개를 쓰다듬으면서 기도한다. 나는 아이들이 행복하기를 기도한다. 아이들이 놀이 같은 일을 찾기를 기도한다. 아이들의 마음이 너무 짓밟히지 않기를, 영혼이 짓눌릴 정도가 아니라 회복력을 기를 만큼만 시련을 겪기를 기도한다. 아이들이 장수를 누리고 부부간의 사랑으로 축복받고 자녀들, 어쩌면 손자들을 얻을 수 있기를 기도한다. 아이들의 마음이 흥얼대며 노래하기를, 비틀대고 실패하지 않기를 기도한다. 아이들이 병에 시달리지 않고, 나의 한계와 수명을 넘어 오랫동안 건강하고 행복하게 살기를 기도한다. 나는 아직도 아이들보다 먼저 죽기를 기도한다. 나는 아직도 날마다, 하루도 빠지지 않고, 아이들이 있음에 감사한다. 노골적이고 직설적이고 단도직입적으로 내 특별한 아내와 나는 아이를 갖지 못할 거라는 말을 들었기 때문이다. 우리는 말없이, 손을 잡고, 진료실을 나와, 눈물을 흘렸다.

우리가 부모로서 처음으로 흘린 눈물이었다.

우리는 그 이후로도 많은 이유로 숱한 눈물을 흘렸고, 우리 아이들은 소란을 일으키고, 곤란에 처하고, 큰 위험에 빠졌으며, 우리의 결혼 생활은 지극히 혼란스럽고, 곤란에 처하고, 큰 위험에 빠졌다. 하지만 오랜 세월이 지난 지금도, 몇 주마다, 나는 별 이유도 없이 눈물을 흘린다. 우리가 아이들을, 세 아이를, 길고 격렬한 기도를 드릴 세 명을 얻었기 때문이다.

아이들은 아낌없이 자비를 베푸시는 하느님이 갈팡질팡하는 내게 주신 가장 큰 선물이다. 내가 마지막 순간에 이르렀을 때, 죽음을 앞두었을 때, 모습을 바꾸고 설명할 수 없는 방식으로 설명할 수 없는 장소로 떠나는 여행을 시작하기 직전에, 나는 이 말을 우리 세 아이, 하느님께서 특별히 말도 안 되게 너그러우시다면 우리 손자들에게 웅얼거릴 만큼 온전한 정신이 남아 있기를 바란다. 내가 여기 있었던 것은 너희를 위해서였고, 나는 너희가 살아온 모든 날 너희를 위해 기도했다. 내가 다음에 어떤 모습을 취하든 너희를 위해 기도할 것이다. 바위를 들어 보아라, 내가 그곳에 있을 테니. 나무를 쪼개 보아라, 내가 그곳에 있을 테니. 나를 불러라, 내가 귀 기울일 테니. 먼지와 재로 돌아가 한참 후에도, 나는 너희와 너희의 아이들을 위해 기도할 것이다. 아멘.

감사의 말

이 책에 실린 많은 에세이는 〈아메리칸 스칼러The American Scholar〉 잡지의 온라인 버전에 처음 소개되었습니다. 노련하고 세심하게 편집해 준 속 깊은 편집자 수딥 보스Sudip Bose에게 감사를 전합니다. 〈크리스천 센추리The Christian Century〉, 〈하버드 리뷰The Harvard Review〉, 호주의 〈유레카 스트리트 Eureka Street〉(eurekastreet.com.au), 〈미국 가톨릭U.S. Catholic〉, 〈팀버라인 리뷰The Timberline Review〉, 〈오리온Orion〉, 〈노트르담 매거진Notre Dame Magazine〉, 〈세인트 앤서니 메신저St. Anthony Messenger〉, 〈브레비티Brevity〉, 〈아메리카America〉, 〈소저너스Sojourners〉, 〈오리거니언The Oregonian〉, 〈하울Howl〉, 〈슈퍼스티션 리뷰The Superstition Review〉, 〈포틀랜드 패밀리Portland Family〉에서 오랫동안 수고하신 담당 편집자들께 감사드립니다. 특히 〈선The Sun〉(제가 장담하는데, 대단한 책이니 아직 못 보셨다면 꼭 보셔야 합니다. thesunmagazine.org)의 앤드류 스니Andrew Snee와 사이 사프란스키Sy Safransky, 〈퍼스트 싱즈First Things〉의 러스티 리노Rusty Reno에게 감사를 전합니다. 〈퍼스트 싱즈〉가 '칼리프 아부 바크르 알 바그다디에게 보내는 공개편지'를 출판하는 데는 상당한 용기와 의지가 필요했을 겁니다.

브라이언 도일

옮긴이의 말

《찬란한 존재들》은 우리나라에 처음 번역 소개되는 작가의 책이다. 그렇다 보니 브라이언 도일이라는 이름은 국내 독자들에게 생소할 수밖에 없다. 나 역시 처음 접하는 작가였기에 이 책을 읽기에 앞서 일단 도일에 대한 정보를 찾아보았다. 그는 소설, 에세이집, 시집 등 24권 이상의 책을 발표했고 미국 예술 문학 아카데미상, 가톨릭 도서상, 푸시카트상 등을 수상했으며 오랫동안 포틀랜드 대학교의 출판물인 〈포틀랜드 매거진〉의 편집자로 일했다.

알고 보니 브라이언 도일은 이미 세상을 떠난 사람이었다. 뇌종양으로 투병하다가 60세이던 2017년 5월에 타계했다. 그와 만나기도 전에 헤어진 것 같은 묘한 섭섭함을 느끼며 이 책의 원고를 손에 들었다. 첫 장부터 작가만의 특별한 개성이 느껴졌다. 문장은 어디서 끊어 읽어야 할지 난감할 정도로 길게 이어져 하나의 문장이 한 페이지 이상을 빈 공간 없이 빽빽하게 채우기도 했고, 쉼표는 남발되거나 아예 쓰이지 않거나 둘 중 하나였으며, 비슷한 의미의 형용사와 부사와 명사가 어색할 정도로 반복되기도 하는 등 기존 영어 문법이 철저히 무시되고 있었다. 그렇다 보니 글의 가독성이 형편없이 떨어졌고 이 책을 우리말로 옮기는 내 입장에서는 머리를 쥐어뜯게 만드는 작가가 조금은 원망스러울 수밖에 없었다. 그래도 도일의 이런 문체에는 내가 완전히 이해하지는 못할 어떤 의도가 담겨 있을지도 모른다. 꿈틀거리는 생동감과 수다스러움, 단어 하나만으로는 전달할 수 없는 강렬한 감정, 형식으로 가둘 수 없는 자유분방함…… 따위를 표현하고 싶었던 것은 아닐까? 하지만 문체보다 훨씬 인상적인 이 작가의 개성은 별로 특이하지 않은 소재를 바라보는 독특하고 신선한 관점에 있다. 진한 인간미를 물씬 풍기는 이 책은 우리에게 작가의 인품과 세상을 바라보는 태도에 대해 많은 것들을 짐작하게 해 준다. 그중 특히 두드러지는 몇 가지를 꼽아 본다.

1. 도일의 가장 중심에는 가톨릭 신앙이 있다. 아일랜드계 가톨릭 가정에서 태어나 선량하고 신앙심이 깊은 부모님

밑에서 자란 작가에게 가톨릭은 그저 종교가 아니라 디디고 서 있는 땅, 숨 쉬는 공기나 다름없었다('성 프란치스코 제3회'). 성당과 그 전례에는 가족들과의 온갖 추억이 얽혀 있으며('미사 참례 복장', '첫 묵주', '스카풀라에 관하여') 가톨릭 세계의 울타리 안에서 쌓은 인간관계는 그의 삶을 풍요롭게 했다('고인과의 대면', '힘든 일이니까요'). 그는 교회의 가르침을 소중히 받아들였고('최후의 보루') 예수 그리스도를 친구처럼 가깝게 여겼다('여기에 먹을 것이 좀 있느냐'). 도일에게는 일상이 기도다. 웃음, 울음, 이야기…… 그밖에 존재의 간절한 갈망과 정성이 담긴 모든 행위가 특별한 형태의 기도라고 그는 주장한다('너희와 너희의 아이들을 위한 기도').

2. 도일은 가족에 대해 세상 누구보다 깊은 사랑을 품고 있다. 어릴 적에 그는 일곱 형제자매와 몸을 부대끼며 성장했다. 형, 동생들과 서로를 아끼고 많은 영향을 주고받으며 성숙한 인격으로 자라났다('남동생', '신념을 지킬 용기', '해변으로'). 형제들과 함께한 시간은 과격하면서도 유쾌했다('널브러진 형제들', '퀸스에서'). 그중에는 안타깝게 일찍 세상을 떠

난 형제도 있지만 도일은 자기만의 방식으로 그 형제의 존재를 기억한다('매의 언어').

그의 글에서는 가족 구성원들의 늙음과 죽음을 경험하며 느끼는 인생의 의미('새에서 새로', '경야', '앤젤린'), 별로 넉넉하지 않은 형편에 많은 자식들을 건사하기 위해 고단한 삶을 살았을 부모님에 대한 애틋한 마음('그날 아침'), 도일이 작가의 꿈을 꾸는 데 가장 큰 영향을 주었을 기자 아버지에 대한 선망('지하실의 낡은 타자기')도 짙게 느낄 수 있다.

화가인 아내 메리 밀러('사복음서')와 세 자녀 릴리, 조지프, 리엄에 대한 그의 사랑은 더욱 지극하다. 딸과 쌍둥이 아들은 그의 인생에 가장 큰 기쁨을 안겨준 존재들이 틀림없다. 특히 어린 아들딸을 키우면서 겪은 다시 돌아오지 않을 작지만 따뜻한 순간들에 대한 회상은 이 책의 많은 부분을 차지한다. 육아는 힘든 일이지만('아빠의 언덕과 계곡') 어린 자녀들과 함께한 시간은 늘 경이롭고 신비로우며('찬란한 존재들') 즐거움('평화의 사람들')과 사랑스러움('고무줄 바지', '우리 집의 모호크족')이 가득하다. 잘 자란 아이들에 대한 대견함('체스 이야기', '한때 조약돌이었던 지금의 절벽'), 성장하여 집을 떠난 아이들에 대한 그리움('더 이상 아이들을 차로 실어 나르지 않는 것에 대하여', '벨로키랍토르의 죽음')도 절절히 느껴진다.

3. 도일은 사소함에서 위대함을 찾아내는 탁월한 안목을 지녔다. 그의 관심은 우주에서 가장 거대한 존재부터 눈에 잘 띄지 않을 정도로 작은 존재까지를 아우른다. 그의 사랑은 동지애, 우정, 형제애, 부모와 자식에 대한 사랑, 영적인 사랑, 낭만적인 사랑 등 온갖 형태를 띤다. 도일은 사소한 존재를 하찮게 취급하지 않으며 작은 야생 동물의 죽음도 깊이 애도한다('망자', '새끼 토끼'). 도일은 평범한 사람들에게서도 위대함을 발견한다. 사회적 지위와 관계없이, 맡겨진 일을 묵묵히, 성실하게 해내는 사람들에게서 하느님의 거룩함을 본다('하느님'). 우리 사회를 지탱하기 위해 힘든 일을 감당하는 사람들에게 진심어린 감사와 존경을 품는다('100번가'). 이웃들의 아픔에 깊이 공감하며('실종') 큰 슬픔을 겪은 이들의 아픔을 치유하기 위해 애쓰는 사람('샌들러 오닐의 아이들')에게 감동한다. 그는 독특하고 예리한 통찰력으로 사소한 호의, 몸짓에 담긴 의미를 찾아

낸다('결혼식 날의 짧은 생각', '버스에서'). 이야깃거리라고도 할 수 없을 만큼 사소한 곳에서 이야깃거리를 포착하여 아름다운 글로 표현하는 능력을 보여 준다('어느 슈퍼마켓의 죽음', '너희가 표징과 이적을 보지 않으면') 애정이 가득 담긴 따뜻한 눈으로 세상을 보기에 가능한 일이다.

4. 도일의 글에는 장난기와 유머가 가득하다. 나이가 들어서도 그는 어린아이의 호기심 가득한 시선을 간직하고 있다. 그래서인지 그의 글을 읽으면 영혼이 맑아지는 기분이 든다. 그와 같은 시선으로 세상을 보면 세상은 절대 무미건조하고 지루하지 않을 것이다('평화의 사람들'). 그는 다소 민감한 이야기, 진지한 이야기에도 유머의 가벼움을 덧붙인다. 자신에 대한 비판조차 유머로 승화시킨다('진짜 아저씨 코예요?', '내 글에 대한 독자들의 편지와 의견 모음'). 깊은 교훈과 지혜를 전달하면서도 그는 절대 아는 체 하거나 가르치려 들려는 기색 없이 진솔하고 소박한 언어를 쓴다. 노일은 쓴소리에도 거침이 없다('우리가 날마다 저지르는 살인', '여덟 가지 터무니없는 거짓말'). 특유의 온화함과는 어울리지

않는 거친 말로 강한 비판을 던지기도 한다('총알', '웅크리기', '칼리프 아부 바르크 알 바그다디에게 보내는 공개편지'). 때로는 자신의 과오를 진심으로 반성하며('내 탓이오') 경험을 바탕으로 사람들에게 경고를 날리기도 한다('가로등이 없는 비탈길에서').

5. 도일은 스포츠에 대한 애정과 관심이 깊다. 많은 옛 추억이 그가 즐기던 스포츠와 밀접하게 얽혀 있다('그 짧은 시간'). 그가 좋아하는 농구와 야구, 낚시는 다른 이들과의 친교를 넓히는 수단이 되어 주기도 하고('신입생 때 외로우셨나요?'), 자연에 대한 관심을 높이게 되는 매개체로 작용하기도 하고('태평양 연안 북서부에서 낚시하는 법'), 인생의 은유가 되기도 한다('번트'). 이야기꾼으로서의 재능을 확인하는 계기가 된 적도 있다('게임'). 취미 활동인 스포츠는 그의 문학 세계를 크게 넓혀 주었다.

그렇다 해도 이 책 한 권으로 이 재능 있고 매력 넘치는 작가를 다 알았다고 자부할 수는 없다. 오히려 이 책은 브라이언 도일에 대한 호기심을 자극하고 그의 다른 이야기들에 궁금증을 품게 할 뿐이다. 비록 작가는 이 세상을 떠났지만 그가 남긴 아름다운 흔적과 그의 존재가 주는 "섬세하고 독특한 기쁨"을 더욱 깊이 누릴 수 있도록 도일의 다른 책들도 우리나라에 더 많이 소개되기를 기대해 본다.